당신의 공부법은 잘못되었다

따라만 하면 올 백점
따라만 하면 전교1등

nobook

목 차

프롤로그

나는 분노한다.
현재를 지배하는 오류투성이의 공부법에 · · · · 10

독자 추천의 글

과학적이며, 산뜻하고 감성적인 공부법 · · · · 18

특집

따라만 하면 올 백점 / 따라만 하면 전교1등 · · · · 30

첫번째 이야기

당신의 공부법은 잘못되었다

1 쉬운 것부터 공부하는 당신의 공부법은 잘못되었다 · · · · 44
→ 복습이 많이 필요한 것부터 공부하라.

2 이해는 암기의 선행조건이라고 생각한다 · · · · 53
→ 아니다. 암기와 이해는 그 순서가 정해져 있지 않다.

3 공부는 극히 일부 학생들에게만 재미있는 것이다 · · · · 58

→ 그렇지 않을 수 있다. 마치 게임처럼 공부하면 공부도 게임처럼 약간은 재미있을 수 있다.

4 당신은 역사시험공부는 흐름을 읽는 것부터 시작하는 것이 마땅하다고 생각한다. · · · · 65

→ 그렇지 않다. 역사시험공부는 연도를 외우고 그 다음 지도를 외우는 것부터 시작해야 100점을 맞는다.

5 당신은 호기심이 바로바로 충족되어져야 한다고 생각한다 · · · · 71

→ 아니다. 호기심은 적절하게 유지되는 편이 더 유리하다.

6 당신은 부모의 칭찬이 매우 중요한 학습요인라고 믿고 있다 · · · · 78

→ 아니다. 부모의 관심과 사랑 그리고 격려는 공부와 별개의 문제이다. 결국 본인의 공부습관이 제일 중요하며 부모의 격려는 환경 내지 부차적 문제일 뿐이다.

7 오늘 하루 최대한 많은 시간을 공부하려는 태도가 올바른 공부 자세라고 당신은 생각한다. ····81

→ 아니다. 오늘 하루 공부시간이 10분일지라도 시험 때에 오늘 공부한 내용이 100퍼센트가 떠오르도록 치밀하게 계획을 세워 공부하는 것이 최선이다.

8 문제집을 많이 푸는 것이 응용력을 키우는 것이라고 당신은 믿고 있다. ····86

→ 아니다. 응용력은 지식의 깊이에서 나오는 것이고 지식의 깊이는 복습회수와 그물망작업의 정도에 비례하는 것이다.

9 당신은 실수를 줄이기 위해서 많은 문제집을 풀어봐야 한다고 생각한다. ····96

→ 아니다. 막연하게 무조건 많은 문제들을 풀려고 하지 말고 실수들을 유형화하고 해당 유형당 단 1~2 문제씩을 체크해서 만족할 때까지 복습하라.

10 공부란 책을 읽는 것이다. 책상 앞에 앉아있는 것이다.
어려운 것을 이해하는 과정이다? ····101

→ 모두 정확하지 않다. 공부란 '중요하고, 어렵고, 모르는' 것을 골라내서 반복을 통하여 완전한 '기본지식'으로 만드는 과정이다.

11 수학은 손으로 공부하여야 한다고 당신은 생각한다. ····108

→ 그렇지 않다. 쓰는 것은 한 번만으로 충분하다. 그 이후부터는 어려운 부분들을 위주로 손가락과 눈으로 수없이 복습하여야 수학을 잘 하게 된다.

12 '한번 이해한 지식은 평생을 간다.
고민한 지식도 그러하다'고 당신은 생각한다. ····114

→ 아니다. 수 없는 복습을 해도 툭하면 중요한 것들조차 잊어버리는 것이 인간의 숙명이다. 이해한다는 자체 또한 복습하지 않으면 잊히는 것이 자연의 법칙이다. 게다가 한 번에 복습을 많이 한다고 끝나는 것도 아니다. 꾸준히 조금씩 복습해야만 한다. 저자는 이를 '1년의 법칙' 혹은 '숙성의 법칙'이라고 부른다.

13 당신은 모르는 것 혹은 중요한 것을 형광펜이나
볼펜으로 줄친다 • • • • 120
→ 안 된다. 지울 수 없는 볼펜이나 형광펜으로 줄치는 행위는
공부가 무엇인지를 모르는 무식한 행위일 뿐이다.
모든 줄은 지울 수 있는 샤프나 연필로 쳐야만 한다.

두번째 이야기
일반인인 나를 전문가로, 평범한 내 아이를 천재로

1 천재란 무엇인가? 일반인은 천재가 될 수 없나? • • • • 126
2 타고난 천재를 흉내내는 것은 무의미하다 • • • • 130
3 목표를 확고하게 하자 • • • • 135
4 언어천재 만들기 • • • • 139
5 수학 혹은 과학에서의 천재만들기 • • • • 143
6 많이 쉬고 많이 자고 많이 뛰어야 한다 • • • • 147
7 호기심을 경시하지 말자 • • • • 150
8 만들어진 천재를 무시하지 말라 • • • • 155
9 인공지능이 대신할 미래는 오히려 유토피아다 • • • • 159
10 내 아이는 미래의 스티브 잡스 현재의 일론 머스크 • • • • 164

에필로그

그대가 있기에 희망을 노래하다 ····169

부록

[모람모람공부법의 필수 용어정리]

1 역순복습 ····174
2 순환복습 ····178
3 적정단위 ····182
4 n.1형태의 어학듣기파일형식 ····186
5 첫자모힌트법 ····191
6 평탄화작업 ····195
7 그물망작업 ····200
8 순간반복의 원리 ····204

프롤로그

나는 분노한다.
현재를 지배하는 오류투성이의 공부법에

지금까지 '당신이 공부해온 방법'은 잘못되었다. 단순히 '잘못되었다'라고 표현하는 것만으로 충분할까? 아니다. 직설적으로 표현해서 너무 많이 잘못돼서 무엇부터 고쳐야 할지 감이 오지 않을 정도로 심각하게 잘못되어 있다. 진정한 공부는 막연히 공부를 한다는 행위에만 그치지 않아야 하기 때문이다.

우리는 약속시간에 늦어서 급히 걸어가는 사람을 보고 '운동한다'고 표현하지 않는다. 우리는 배가 고픈데 먹을 것이 없어서 할 수 없이 하루 2끼만을 먹게 된 사람을 보고 '다이어트'

를 한다고 하지 않는다. 훨씬 더 훌륭한 방법이 있을 수 있음에도 불구하고 단순히 책상 앞에 앉아서 책을 '바라보고'있다고 해서 그러한 행위를 '공부'라고 부를 수는 없다.

그런데 지금 당신들이 그렇게 하고 있다. 게다가 확신범이기까지 하다. 자신의 공부법이 '자신에게 어울리는 좋은 공부법이며 자신의 자식들과 자신의 제자들에게도 어울릴 것이라고' 믿고 있기도 한 것이다.

이러한 행태가 도대체 얼마나 심각하게 인류의 진정한 발전을 막고 있는지 알고 있는가? 인류의 소중한 인적, 물적 그리고 무엇보다 시간적 낭비의 근본원인이 되고 있음에도 불구하고 왜 아무도 소리쳐 이에 항의하지 못하는가? **말끝마다 '사람마다 어울리는 공부법이 있게 마련이다'라는 어이없고 근거도 불명확한 이유로 오히려 많은 사람들을 획일적인 공부법으로 엮는 것이 당신에게 유일한 진실인가?**

스티브 잡스나 뉴턴이나 레오나르도 다빈치는 우연히 나오는 '이레귤러'중의 이레귤러들로서 정말 희소한 예이기 때문에 그러한 천재가 아닌 일반적인 우리들은 이렇게 이 시대를 지배하는 공부법을 반드시 받아들여야만 한다는 것인가? 오로지 순응만이 우리의 유일한 대응방안이 되어야 한다는 것인가?

교육의 본질은 평범한 사람을 천재로 만들고 지적으로 소외된 이들조차 각기 어느 정도의 기본적인 역할을 하도록 도와주는 것이 아닌가? 당신들은 '일반인들은 아무리 노력해도 어차피 천재가 될 수 없다'는 운명론의 굴레를 벗어던지고픈 마음이 들지 않는가? 일반인들도 노력하고 또 노력하면 한 분야에서라고 천재처럼 될 수는 없을까?

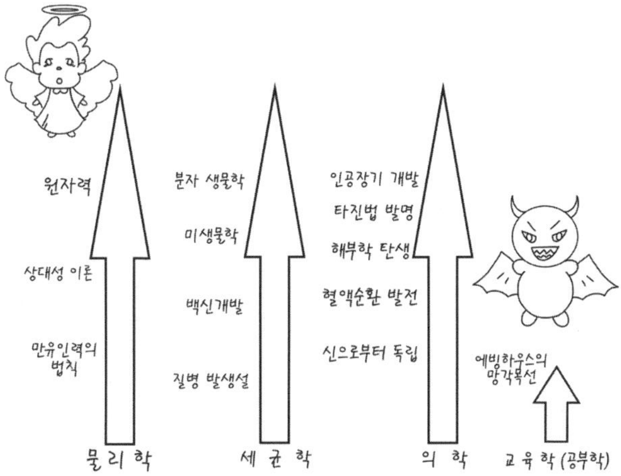

정말 미련한 사람이라도 노력하고 또 노력하면 어느 한 분야에서라고 웬만큼 자신의 역할을 할 수 있지 않을까?

소위 계몽주의시대부터 인류는 많은 미신과 폐습을 타파해 왔다. 세균을 발견하고, 지구가 둥글다는 사실을 인지하고, 보이지 않는 전파를 믿고 마침내는 전기라는 새로운 에너지이용수단을 발명해왔다. 이러한 대단한 변화에도 불구하고 오직 공부방법에 대한 개혁만은 계속 미루어져 오늘에 이르고 있다.

고작해야 에빙하우스의 망각곡선 정도가 공부법에 대한 거의 유일하게 공인된 '힌트'라고 볼 수 있을 뿐이다. 그의 논문이 1885년에 발표되었으니 거의 200년 이상동안 교육학에서는 괄목할 만한 발전이 없었다고 단정지어도 크게 틀린 지적은 아닌 것이다. **오히려 수많은 사이비 교육학자들이 본질**

에는 접근하지 못한 채로 부모의 칭찬과 격려가 아동기의 학습에 도움이 된다느니 혹은 시청각 교재가 '재미'있어야 학생들이 공부에 흥미를 가진다느니 등등 주변의 것들만 건드리는 것이 고작인 세태가 되어버린 것이다. 예전 문구에 따르자면 '오호 통재라!' 이 어찌 한심한 작태가 아니겠는가?

공부란 무엇인가에 대한 깊은 본질적 고찰도 없고 우리 두뇌의 성질에 대한 합리적 고뇌나 실증적 연구도 턱없이 부족하며 무엇보다 모든 분야에서 금과옥조처럼 떠받드는 '효율성'에 대한 논의도 없는 현재를 지배하는 저 무식하고 정량적인 공부법이라는 괴물을 보라! 저자는 분노하고 또 분노한다.

수많은 사이비 선생들이 마치 장님이 길을 인도하는 것처럼 무조건 '자신을 믿고 따르라면서 끊임없이 머리 좋은 일부

학생들의 특유한 공부습관을 마치 인류의 유일한 공부법이라 고 믿고 따르기를 요구하고 있다.

게다가 이러한 맹신의 대가로서 그 피해자는 바로 우리 집의 아들딸들이며 이웃의 조카이고 미래의 동량들이며 같이 늙어가는 수많은 친우들이다. 저자가 이러한 글을 쓰는 심정적 계기는 이와 같은 현대의 무식한 교육계에서의 어두운 그늘을 밝게 하고자 하는 선구안적인 노력이며 동시에 자신들도 자신이 무엇을 가르치는지도 모르는 수많은 교육자들의 행태에 대한 깊은 분노와 실망이다.

따라서 앞으로 소개할 '모람모람 공부법'에서는 공부의 단순한 표면적이고 형식적인 실행이 아닌 '진정한 공부라 부를 만한 것들'의 마땅히 되어야만 하는 방식과 그 방식의 기본이

론으로 직결되는 효율성에 대해 다룰 것이다.

즉, '마음대로 써먹을 수 있을 만큼 활활 타오르는 살아있는 지식'이 모람공부법의 목표라고 할 수 있다.

독자 추천의 글

정교하게 만들어진 과학적 이론이며, 산뜻하고 감성적 공부법

제목이 사교육 킬링인 만큼, 제대로 된 공부법이 간절한 학생들에게 이 책은 "더없이" 훌륭한 지침서가 되어줄 것이다. 물론 공부하고는 완전히 연을 끊은 학생들에게도 해당하는 말이다. 공부라고 하면 초등학생 때부터 완전히 담을 쌓고 살았던 내가 모람모람 공부법을 만나고 느꼈던 점들과 그로 인해 세상을 바라보는 시선이 어떻게 바뀌었는지, 어떤 생각과 습관을 가지고 하루하루 보내고 있는지 대해서 짧게 얘기하고 싶다. 그러니 공부보다는 일탈이 좋은 학생들일지라도 예외없이 관심을 가져주면 좋겠다.

모람모람 공부법은 정교하게 만들어진 과학적이며 합리적인 이론이다. 그와 동시에 모람모람 이라는 단어가 주는 느낌과 같이 산뜻하고 감성적인 이론이다. 모람모람 공부법은 공부가 어렵고 힘든 이유는 공부 방법이 잘못되었기 때문이라고 말한다. 그러니 공부를 싫어하게 된 원인도 결국엔 공부 방법이 잘못되었기 때문이라고 말한다. 일목요연하게 근거 또한 제시한다.

이 책의 궁극적인 목적은 지금껏 세상에 없었던 완벽한 공부법이 탄생했으니 주목해 달라는 것에 있다. 나도 아직 배우는 단계이지만, 직접 경험해 보니 어떤 어려운 과목이라도 웃으면서 쉽게 공부할 수 있다는 사실은 확실히 깨우쳤다. 누구나 따라할 수 있는 공부법 이라고 해서 어린아이의 눈높이에 맞춰져 있지 않다. 모든 이들을 한 분야의 전문가로 양성하는 것을 하나의 목표로 하는 공부법인 만큼, 높은 수준의 목표를 먼저 설정하라고 한다. 그러나 목표를 향해 가는 과정이 결코 어렵거나 막막하지 않다. 모람모람 공부법만의 특별한 비법과 함께라면 적당히 설레고 적당히 재미있을 것이다. 기초가 없는 나에게도 해당하는 말일까 하는 생각이 들 수도 있으나, 모든 이의 지침서라는 사실을 믿고 현재 드는 걱정과 의구심들은 책을 읽고 직접 실천해 나가는 과정에서 해소했으면 한다.

모람모람 공부법이면 공부가 설레고 재미있어진다고 했는데, 공부 얘기를 하는 책인 만큼 다양한 학생들이 보게 되겠지만 학업으로 인해 마음의 상처가 깊은 학생들은 공부라는 단어만 들어도 스트레스를 받고 우울해질 것이다. 지금까지의 여러 잘못된 공부법들은 논리의 취약점이 드러나는 것을 막기 위하여 학생들의 치부를 드러내는 악한 방식을 선호하는 듯하다. 대표적으로 학생들의 의지와 유전자를 들먹이는 것이 그렇다고 본다.

모람모람 공부법은 이와 같은 행태를 비판하고 납득할 만한 근거로 여러분들을 위로하고 안아줄 것이다. 모람모람 공부법을 실천해보면서 여러분들이 공부를 못하는 원인이 결코 의지나 유전자에 있지 않다는 사실을 알았으면 한다. 오히려 공부법이 말하는 바와 같이 스스로가 얼마나 가치 있는 사람인지 알 수 있을 것이다. 넌 소중해라는 말을 학생들이 진부하게 받아들이는 까닭은 납득할만한 근거를 들어보지 못했기 때문이라고 생각한다. 모람모람 공부법은 한 사람, 한 사람이 어떤 가치를 가졌고, 얼마나 위대한지 깨달을 수 있도록 이끌어준다. 타인의 힘을 빌리지 않고 스스로가 가진 호기심과 능력을 극대화시키는 방식의 공부법이기 때문이다. 그러니 상처 받은 모든 학생들이 부디 이 책을 읽어나가면서 이렇게 색다르고 쉬운 방법이 있었구나 하며 작은 위로를 받았으면 좋겠다.

실천하는 것은 누구나 할 수 있을 만큼 쉽다. 그러니 따라하는 과정에서 막히거나 어려운 부분이 있다면 놓치고 있는 부분이 있는지, 혹은 방식을 잘 이해하지 못해서 제대로 따라하고 있지 못하는 것인지 반드시 점검해 봤으면 한다.

모람모람 공부법이 지향하는 바와 같이, 공부가 너무 재미있어서 하지 않으면 못 배기는 사람으로 거듭날 때까지 따라해 보자. 책에서 말하는 내용들을 빠짐없이 실천하겠다는 의지만 있다면 그렇게 되기까지 오랜 시간이 걸리지 않을 것이다. 예전의 나처럼 관심이 가는 부분만 골라서 실천했다가는 모람모람 공부법을 이해하기 힘들어진다.

나는 선생님이 강조했던 생활 습관은 무시한 채 문제 푸는 것에만 집중했고, 그 결과, 오랫동안 환자처럼 무기력한 상태로 억지로 공부해왔다. 생활 습관을 신경 쓰기 시작하면서 바로 활력을 되찾게 되었고, 공부하는 그 시간이 너무나도 행복해 졌다는 사실을 믿어 달라. 나는 그런 경험을 한 순간 모람모람 공부법을 보다 더 이해할 수 있었다.

따라서 모람모람 공부법이 위대한 이유 중 하나는 모든 이론들이 서로 긴밀하게 조화를 이루고 있기 때문이다. 그 위에 본인만의 깨달음이 더해진다면 진정 살아 숨 쉬는 공부법으로 여러분들에게 꼭 맞는 친구가 되어 줄 것이다. 친구가 되어준다는 표현을 쓴 이유는, 수험 생활이 고달픈 이유 중 하나는 외로움인데, 모람모람 공부법은 끊임없이 호기심을 자극하여 가슴을 늘 설레게 해준다. 외로움을 느낄 새가 어디 있을까. 다르게 표현하자면 책을 보고 있는 그 시간이 어느 때보다 행복하다고 말해도 과언이 아니라고 생각된다.

모람모람 공부법을 실천하면 할수록 공부 외의 오락에 흥미가 점점 사라지고 있다. 반대로, 수학 문제의 어려운 부분에 별표 칠 생각을 하면 벌써부터 가슴이 설렌다. 특별한 공부법인 만큼 방식도 특별하다. 처음엔 너무나 색다른 탓에 익숙하지 않을 수도 있다. 그것도 잠시, 조금만 적응하고 나면 책에서 말하는 내용을 숨 쉬듯 자연스럽게 따라할 수 있다. 그러니 설레는 마음으로 선생님의 상세한 안내를 따라가 보자. 자신감이 생길 것이다. 그렇게 자신감을 갖고 모람모람

공부법을 계속 실천하다 보면 공부법에서 말하는 모든 이론들의 내용이 논리적으로 합당하다는 사실도 깨달을 수 있다. 처음엔 이렇게 하는 게 정말 맞아? 싶었던 부분들이 나중에는 아주 합리적이고 당연히 그렇게 해야만 했던 것들로 받아들여질 것이다.

이렇게 퍼즐이 맞추어지고 나면 새롭게 눈이 뜨이기 시작한다. 시중에 나와 있는 공부법들이 얼마나 나쁘고 논리가 부실한지 비판적인 시선으로 간파할 수 있게 된다. 본인의 체면과 엉터리 이론을 포장하기 위해 학생의 인격을 갉아먹는 어른들에게 반감이 생길 수도 있다. 또한 자연스럽게 친구들에게 모람모람 공부법을 공유하고 싶은 욕구도 생길 것이다. 그렇기에 나는 단지 내가 경험한 신세계를 이 책을 만나게 될 또래 친구들. 그중에서도 특히 공부를 싫어하는 친구들과 나누고 싶을 뿐이다.

공부는 진짜 힘들고 지겨운 것이라고 생각했다. 나는 평생 공부와는 친해질 수 없을 것만 같았다. 표현이 많이 과격할 수도 있지만, 책만 보면 찢어버리고 싶은 생각이 든 적도 한두 번이 아니다. 이건 공부하기 싫어하는 학생들의 마음을 있는 그대로 표현했다고 생각한다. 그랬던 내가 모람모람 공부법을 만나고 부터 아침에 눈을 뜨면 어려운 수학 문제를 풀 생각에 설레서 가슴이 부풀어 오르는 사람이 되었다. 믿기지 않겠지만 현실이다.

모람모람 공부법은 원하는 누구에게나 이렇게 꿈만 같은 변화를 줄 수 있다고 추파를 던진다. 도대체 어떤 공부법이기에? 라는 의문이 들었다면 고스란히 그 추파에 응답해보자. 모람모람 공부법과 이 책은 누군가가 소리 소문 없이 오랫동안 연구하고 세상에 기여하고자 내놓은 소중한 결과물이다. 물론 지금 이 시간에도 모람모람 공부법은 계속 연구되고 있고 발전하고 있다. 지금의 시간까지 오면서 모람모람 공부법이 발전한 만큼 전보다 훨씬 커다란 울타리가 되었고 언제나 들어오는 모든 이들을 포용하고자 하는 울타리로서의 사명을 다하고자 하는 듯하다. 공부법이 꼭 필요한 학생은 물론이고, 평소 공부법의 필요성을 그다지 느끼지 못하는 학생들일지라도 모람모람 공부법에 관심을 가져주었으면 하는 바람이 있다.

모람모람 공부법은 단순히 눈앞의 시험 만을 위해서 존재하는 공부법이 아니다. 우리가 미처 생각하지 못했던 신체와 정신에 대한 부분도 세심하고 중요하게 다루는 만큼, 모람모람 공부법을 통해 삶 전체에 적용되는 소중한 이론들을 배울 수 있다.

울타리 안으로 내딛는 그 첫 걸음이 두려움과 걱정이 담긴 걸음이 아닌, 울타리 안에서 마음껏 뛰어 놀 생각에 설렘과 기대가 한껏 담긴 걸음이기를 바란다.

특집

따라만 하면 “올 백점"
따라만 하면 “전교1등"

저자는 항상 아쉬워한다. 왜? 왜? 왜? 당신들은 현재의 지배적 공부법이 너무 비합리적이라는 생각조차 하지 못하는가? 단지 당신의 부모, 당신의 스승, 당신의 선배 그리고 당신의 친구가 하는 공부법이라서 그러는 것인가? 곰곰이 생각해보라. 무언가 이상하거나 무언가 위화감이 드는 방식이 아닌가?

이 모람모람공부법을 고려해보라. 너무나 합리적이고 이성적이지 아니한가? 부디 이 공부법을 시험해보라. 당신의 인생이 바뀔 것이다. 물론 슬프게도 저자의 믿음은 아직까지 인정받지 못해왔다.

많은 제자들을 설득해보았지만 제일 잘 따라하는 정도가 10퍼센트~20퍼센트 정도인 듯하다. 아예 처음부터 상식과 어긋난다면서 거부하는 학생이 절반이요, 조금 따라하다가 포기하는 학생이 다시 절반 그리고 어찌어찌 저자를 믿고서 따라하려 하다가도 믿음의 부족으로 인해 결국 시험이 다가오는 느낌이 드는 순간 손을 들어버리는 학생이 나머지 전부였던 것이다. 물론 극히 드문 예외가 없던 것은 아니다. 하지만 한

손에 꼽을 만한 극히 소수였을 뿐이다.

인간은 논리를 믿어야 하는 것이 아닌가? 다른 사람과 다르더라도 합리적이라면 한 번은 따라 해보고 싶지 않은가? 아아, 저자는 오늘도 제자를 기다린다. 굳이 얼굴을 마주할 필요가 있을까? 너무나 합리적이고 체계적인 방식에 따라올 사람이 전국에서 한 명은 있을 것이다. 그리고 믿거니와 그는 저자의 축복 속에서 올백 혹은 전교1등을 목표로 시험을 치르게 될 것이다.

예전의 불완전한 체계가 아니다. 숱한 실험과 고뇌 속에서 이제 저자에게는 역순복습과 순환복습 그리고 단위개념이 있다. 이 가장 중요한 법칙들을 지키면서 복습위주의 공부를 한다면 그리고 당신에게 시험 때까지 1달 이상만 남아있다면 중간고사에서 혹은 기말고사에서 올백을 목표로 혹은 전교1등을 목표로 삼아도 좋다.

이 방식은 믿고 따르기만 한다면 저자에게 그랬던 것처럼 당신에게도 완벽한 지식의 풍성한 혜택을 느끼게 해 줄 것이다. 자 다음의 계명들을 최대한 많이 궁극적으로는 하나도 빼놓지 말고 지키기를 바란다.

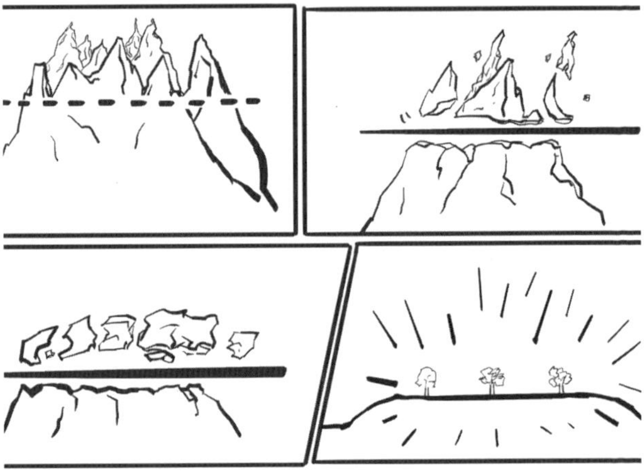

1. 시험기간을 계산하여 가장 어려운 부분들을 미리 체크하자. 줄치거나 걸쇠모양으로 그리고 옆의 여백에는 체크표시나 별표가 좋다. 최후의 복습을 위해서 3중 체크를 권한다.

2. 물론 샤프로 해야만 한다. 지우개는 길쭉한 직사각형 형태

가 좋다. 지우개를 일종의 문진 혹은 진도체커로 사용하라. 즉 잠깐 쉴 타임에 지우개로 진도 나가는 곳에 올려놓으면 매우 편하다. 게다가 지우개는 가볍고 잘 미끄러지지도 않는다.

3. 체크하면서도 공부를 병행해야 한다. 체크부터 쭉 해놓고 공부하겠다는 생각은 좋지 않다. 시간의 낭비다. 최초의 진도에서는 일반적으로 역순복습이 좋다. 역순복습을 간단히 설명하자면 별표 치는 내용이 새로 나오면 최근의 별표친 부분을 4개 정도 역순으로 복습하는 것이다.

4. 체크할 대상을 고르는 기준은 '가장 어려운 것들부터'인데 이것이 막연하다고 생각된다면 '벼락치기' 혹은 '당일치기'가 불가능한 것들부터 체크하면 된다. 예를 들어 숫자, 연도 같이 헷갈리는 것들 혹은 지도, 주기율표, 생물 등에서의 각종 부위명칭과 같이 다시 떠올리기 어려운 복잡한 그림에 포함되어 있는 단어들이 그것이다.

5. 구체적 복습법은 '역순복습으로 시작하여 서서히 순환복습'으로 변화시키도록 하라. 굳이 꼭 순환복습으로 바꿔야만 하는 것은 아니다. 일반적으로 역순에서 순환으로 넘어가는데 당연히 예외 없는 법칙은 아니다. 과목별 특징 혹은 실력이나 개인성향에 따라서 마지막까지 두 방식중 하나만 취해도 문제없다고 생각한다.

6. 줄을 샤프로 친 후 복습하면서 자신 있는 부위를 끊임없이 지워라. 자신 있다는 믿음은 구체적으로 시험당일 날까지 지금 공부하는 내용들을 떠올릴 수 있다는 확신이 드는 순간에 찾아온다. 예를 들어 한 달 뒤 중간고사에서 지금 내가 보고 있는 줄친 내용이 확실하게 떠오를 것이라는 확신이 그것이다. 용기 있게 지워라.

7. 왜 시험기간까지는 복습회수가 충분하다는 생각이 들자마자 지우라는 설득을 하느냐고?

첫째 일단 어려웠던 것들을 모두 적당하게 쉽게 만들어놓

아야 그 다음 작업인 그물망 작업에 적합한 형태의 지식체계가 되기 때문이다.

둘째 한 번 지운 것으로 끝이 아니다. 시험이 다가오고 거의 모든 지식이 다 쉬워지는 1단계 즉 평탄화작업이 끝나 있다면 이제야 비로소 그물망 작업이 시작되기 때문이다. 즉 시험전날까지 '벼락치기' 혹은 '당일치기'를 하면서 끊임없이 복습하여 지식들을 연결하라.

8. 중간에 포기하지 말라. 어려운 것부터 시작한 당신이 중간에 포기하는 것은 오히려 이런 방식을 사용하지 않은 일반 학생들보다 더욱 좋지 않은 결과를 가지게 된다는 것을 의미한다. 즉 어려운 부분도 쉬운 부분도 모두 60퍼센트의 상태가 될 수 있다는 것이다. 어려운 것들도 100퍼센트 쉬운 것들도 100퍼센트가 되려면 중간에 포기하지 않을 신념과 뚝심이 필요하다.

9. 자신의 합리성과 상상력을 믿어라. 바이러스 혹은 세균에 대한 이론이 일반인들에게 인정받는데 몇 백 년이 걸린 것처럼 이 이론도 과도기에 있다. 더 정확하게는 과도기의 출발점에 있다. 이제 당신이 이를 믿음으로써 첫발자욱을 뗀 것뿐이다.

10. 초치기 즉 시험 바로 직전 1초까지 자신이 잘 모르겠는 남아있는 줄쳐진 부분을 외우고 또 외워서 시험시간에 들어가자마자 이들을 옮겨 쓰고 시험을 맞이하라. 시험시간에 당신이 공부했던 모든 사항들이 1퍼센트의 오차도 없이 떠오르면 당신은 이미 100점이거나 전교1등이다.

11. 공부시간으로 승부 보려고 하지 마라. 저자도 하루 네 시간이 최대 목표였다. 시험전날에야 올인했지만 평소에는 운동이나 기타 여러 활동에 많은 시간을 할애했었다. 균형 잡힌 생활을 하라. 음악, 미술 등도 좋은 습관이다. 대신 공부하는 시간에는 순수하게 공부에 집중하라.

12. 마지막 목표를 잊지 마라. 모든 어려운 것들을 100번 이상 복습하여 해당 지식을 평생 가지고 가겠다는 원대한 목표가 그것이다. 모든 지식들을 연결하고 또 연결하기에 100번이 모자를 수도 있다. 생물의 지식과 국사의 지식이 영어의 지식과도 결합되어야 당신의 지식은 완벽해진다. 하물며 한 과목 내에서 관련지식들이 연결되는 것은 매우 당연한 중간목표가 된다.

13. 대한민국 학생들이 보편적으로 어려워하는 수학을 예로 들자면 공식은 1000번 어려운 문제는 100번 그러나 쉬운 문제는 1번이나 0번이 목표가 되어야 하는 것처럼 필요한 복습회수의 차이는 상식보다 매우 크다. 지식을 차별대우하라. 1000번 복습의 가치가 있는 지식과 0번의 복습가치가 있는 지식을 어떻게 똑같은 지식이라 부를 수 있을까?

14. 전체적으로 한꺼번에 복습하는 것은 좋지 않다. 적절한 단위라는 것이 존재한다. 예를 들어 영어단어들은 20여개가 표준으로 암기력이 부족한 경우에는 10여개 이하로 암기

력이 좋은 경우에는 30여개씩 묶어서 외우는 편이 효율적이다. 수학은 4~10여문제가 적절한 단위의 크기이다.

15. 단위는 끊임없이 변화하는 것이다. 즉 복습의 적절한 단위는 최초진도에서는 수학문제를 예로 든다면 4~5개일 수도 있지만 복습이 진행되면서 단위의 크기는 7개, 10개 등으로 점점 커져야 정상이다. 즉 복습이 진행되면서 지우는 내용이 늘어나서 또 익숙해진 탓에 복습속도는 빨라지고 난이도는 하락하기에 단위의 크기는 계속 늘어나는 경향이 있다.

점점 단위는 변한다

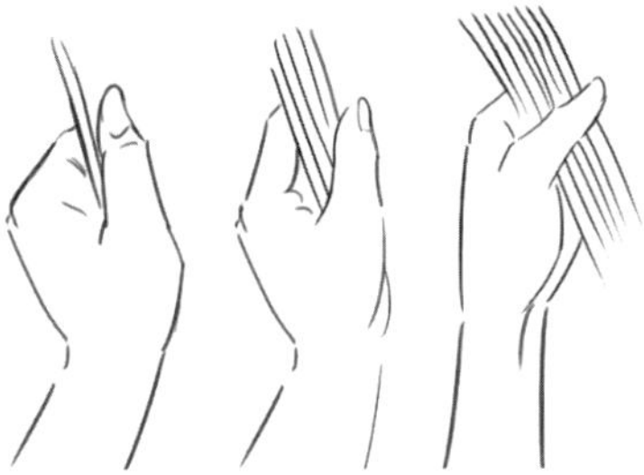

16. 평소에는 집중될 때만 공부하려 하고 시험이 직전까지 다가오면 약간 집중이 흐려진 시간까지 확보하라. 무턱대고 졸린 시간이나 집중력이 흐트러진 시간까지 몽땅 공부하는 것은 오히려 당신의 공부습관을 좋지 않게 할 뿐이다. 즉 시험에 여유가 있는 기간에는 품질을 양보다 더욱 신경쓰는 것이 옳다.

19. 과목을 적절하게 섞어가면서 하라. 하루 2~3과목 정도가 적당하다. 한 과목에만 계속 올인하거나 지나치게 많은 과목을 바꿔가면서 공부하는 것 모두 좋지 않다.

20. 평균을 골고루 올리도록 공부하라. 일부 과목을 포기하는 것은 비효율적이다. 쉬운 과목에는 적은 시간을 어려운 과목에는 많은 시간을 할애하라. 과목간 평균이 일정할수록 일반적으로 효율적으로 공부했다는 뜻이 된다. 물론 점수보다는 등급에 기준 한다. 터무니없이 어렵게 혹은 쉽게 내는 과목이 있을 수 있으니.

21. 내신에서는 선생님의 평소 강의가 매우 중요하니 열심히 빼놓지 말고 필기하자. 놓친 부분의 필기는 친구의 도움을 받아서라도 그 때 그 때 보충해놓자. 또 수업시간에 졸지 않도록 노력하라. 그러나 어차피 듣지 않는 수업시간에는 미리미리 해당과목의 시험공부를 해 놓자. 수업시간은 의외로 자기공부를 하기에 매우 적합하다. 적당히 조용하고 적당히 시끄러우며 슬쩍슬쩍 딴짓하는 스릴도 있다.

물론 이렇게 틈틈이 공부한 시간도 오늘의 공부시간목표에 포함된다. 저자도 고3일 때 학교수업시간을 이용해서 목표인 4시간의 절반이상을 채웠다.

22. 선생님을 인격적으로 존경하거나 개인적으로 좋아하는 것과 강의 실력은 별개의 문제이다. 개인적인 호불호로 수업시간에 반항하거나 필요이상으로 애착을 가지는 것은 매우 비효율적이다. 이런 문제들에서는 냉정해지도록 노력하라.

23. 의미 없는 숙제에는 애착을 버리고 필요에 따라서 과감하게 포기할 것은 포기하라. 예를 들어 깜지숙제라던가 터무니없는 조원들로 짜여진 조별과제 등이 수없이 여러분을 괴롭히겠지만 적당히 포기할 것은 포기하면서 전략적으로 행동하라. 완벽주의는 공부하는 내용에 한정하라. 인간관계는 항상 완벽하지 못하다. 여유를 가지고 대하여 교우들의 불신이나 태만 등의 충격에 대비하라.

24. 특히 인간관계에 필요이상의 비중을 두지 말도록 하라. 순정만화나 동료애를 지상가치로 내세우는 많은 선동적인 내용의 미디어물에 속아 넘어가서는 좋지 않다. 인간관계에 대한 과몰입도 문제이며 반대로 지나친 소원함도 당신의 공부를 방해하는 요소가 된다. 인간관계에 대한 정답은 없으며 이 책도 이쪽의 분야에는 관여하지 않는 내용이다. 단지 지나친 극단주의만은 경계하고 또 경계하라.

이상의 여러 가지 원칙들을 지키도록 노력하라. 이 모든 원칙들을 관통하는 유일한 법칙은 '효율성'이며 '합리성'이다.

이 공부의 성공여부를 판단하는 유일한 기준은 '시험 보는 순간 당신이 공부한 모든 내용이 100퍼센트 정확하게 떠오를 뿐만 아니라 그 깊이의 정도도 충분히 깊고 깊어서 마음대로 그리고 순간적으로 응용할 만큼 충분한가?' 이다. 당신이 공부한 지식들이 복습과 복습을 무수히 거치면서 시험시간에 '살아서 움직이도록' 공부하라.

첫번째 이야기

당신의 공부법은 잘못되었다

1. 쉬운 것부터 공부하는 당신의 공부법은 잘못되었다.
⇨ 복습이 많이 필요한 것부터 공부하라

아마도 당신은 쉬운 문제부터 푸는 공부 습관을 가지고 있을 것이다. 하지만 그 습관은 매우 잘못된 공부 습관의 대표적인 예시이다. 한 달 뒤가 시험이라고 가정해보자. 모람모람 공부법을 적용해 학습한다면, 가장 쉬운 문제가 아닌 시험기간까지 당신이 소화할 수 있는 한 가장 어려운 문제들부터 풀기 시작해야 한다.

당신은 쉬운 것에 대한 이해조차 안 되어 있는데 어떻게 어려운 것을 공부하느냐는 질문을 던질 수도 있다. 단언컨대 이 공부법을 적용한다면 **이해를 하지 못하는 것에서 출발해야 한다는 점에서 일반 공부법과는 더욱 극명한 대비효과를 불러올 수 있다.** 이 방식의 가능성을 의심하게 만드는 지점이 바로 이것이다. 그러면서 동시에 이 모람모람공부법의 특징이 잘 드러나는 부분이기도 하다. 여기서 당신의 의문을 해결해 줄 수 있는 가장 중요한 키워드는 바로 '복습'이다.

소위 개념이니 기본문제들에 대한 이해니 그런 것들이 모든 공부 특히 수학의 기초라고 당신들은 지금까지 주장해왔다. 미련한 일반인들이 그 좋은 루틴 속에서도 어려운 문제를 끝내 풀지 못하는 것은 타고난 아이큐의 한계이거나 게으름 덕이라고 당신들은 주장해왔던 것이다. 그리고 그들이 결국 어려운 문제의 문턱에서 좌절하는 것도 운명의 한계쯤이라고 경시해왔던 것이다.

이러한 루틴이 운명이라고? 당신들은 쉬운 문제부터 풀다 결국 어려운 문제는 포기해버리는 악순환을 수도 없이 거쳤거나 거치려 하고 심지어 그 악순환의 고리를 끊기는커녕 당신의 자식들과 제자들에게 이를 물려주고 있는 것이다. 죄의식 전혀 없이.

모람모람공부법에서는 그렇지 않다. 초기부터 이러한 악

순환을 방지하기 위하여 당신은 무엇을 해야 하는가? 미리미리 최대한 빠른 시간에 어려운 내용들을 체크해서 그 부분들을 집중적으로 복습하도록 하자.

시험기간이 한 달 남았다고? 그러면 한 달 내내 해당 부분의 가장 어려운 문제들을 복습하자. 처음부터 지나치게 쉬운 문제를 선택해서 풀다보면 쉽게 이해하는 반면, 뒤에 나가는 어려운 부분들은 복습회수와 복습기간이 줄어들 수밖에는 없다. 이는 절대 효율적인 공부 방식이라고 할 수 없다. 극단적으로 표현하자면 이 방식이야말로 안 하는 것보다 아주 조금 나은 공부법이라 할 만하다.

여러분은 첫째 어려운 문제를 무조건 많이 복습한다고 그 문제들을 이해하거나 응용할 수 있느냐고 반문할 수 있다. 저자의 대답은 '가능하다'이다. 저자는 항상 다음의 슬로건을 들고 복습하고 또 복습했다. 이해란, 응용력이란 막연하게 타고나기만 하는 것이 아니라 복습회수에 비례하는 것이다. 저자의 경우에 그리고 대부분의 학생들의 경우에 10번, 20번, 50

번, 최대 100번을 복습하기 전에 모든 문제들을 이해하게 되는 것이다. 심지어 문제유형이 외워진 것도 당연하다. 응용에 대한 자신감도 이에 따라가는 것이다. 유형들이 다 외워지고 게다가 이해도 되었는데 시험을 못 볼 이유가 있을까? 수학 등을 포함하여 많은 학문들이 이러한 '외워지기까지 복습하면 이해될 것'이라는 도전정신에 무릎꿇어왔다. 당신들도 가능하다. '당신의 머리가 아무리 나쁠지라도'.

물론 여러분은 둘째로 그럼 쉬운 문제는 언제 해결할 것이냐고 물을 수 있다. 쉬운 부분들은 어려운 부분들을 수도 없이 복습하는 가운데 저절로 해결되어진다. 특히 수학은 체계의 학문이기에 가능하다. 더 어려운 문제를 완벽하게 이해하는 사람이 더 쉬운 문제를 풀지 못하는 것은 이론상 어렵기 때문이다.

물론, 주의할 사항은 각자 자기 수준에 맞게 기간 내에 끝낼 수 있는 최고난이도를 기준으로 선정해야 한다. 앞에서 언급했다시피 여러분은 일반 방식으로는 이해도 못하는 부분들을 복습해봤자 남는 것이 없다는 불안한 느낌을 가질 수도 있다.

이렇게 불안해하는 여러분을 위해서 저자는 저번 책 이후로도 10여년의 연구를 더해왔다. 그에 따라서 '역순복습법', '단위', 그리고 '순환복습법'이라는 개념이 들어오게 된다, 이렇게 주요 3개 항목의 규칙을 잘 지키면서 복습을 하면 어려운 것, 이해 못할 것들도 이해 못하는 채로라도 더 잘 외워지게 된다. 그리고 암기 후 이해라는 가장 멋지고 끝내주는 코스를 탈 수도 있다. **암기 후 이해한 지식은 잘 잊히지 않는다.** 응용도 쉬워지고 창의력의 소재로도 잘 쓰여진다.

여러분이 '이해 못하는 것은 외워지지 않는다.' 라는 현대식 미신에 넘어간 상태만 아니라면 말이다. 저자가 이를 미신이라고 보는 것은 정당하다. 저자는 많은 사람들이 학문 특히 수학은 '이해만 하면 다 된다'든가 '이해만 하면 평생 기억이 간다. 등 도저히 문명사회구성원이라고는 믿을 수 없는 맹신을 드러내는 많은 사람들을 목격해왔다. 이런 분들이 저자를 외계인정도로 대했다는 사실도 부연하겠다.

앞서 말했듯 시험을 잘 보는 -그냥 잘 보는 정도가 아니라 100점 실력을 가지게 되려면- 시험 일자를 기준으로 가장 어려운 수준의 문제부터 쉬운 수준의 문제로 역순으로 내려가며 학습을 진행해야 한다. 즉 시험 전날에 가장 어려운 문제를 풀지 말고 오히려 가장 쉬운 것들 중에서 빼먹은 건 없는지 확인해야 한다는 것이다.

좀 더 상세하게 어려운 문제를 이해하는 것을 풀이해보자. 당신은 기본적으로 무한 복습까지 가능하다는 복습제일주의를 기본 바탕에 두고 있어야 하는데, 복습에는 끝이 없다는 생각을 가지고 공부를 시작해야한다는 이야기다. 처음엔 당연히 이해 자체에 어려움을 가질 것이다. 그렇다면 다음 문제로 넘어갈 수 없는 것이 아닌가 하는 불안한 생각이 들 것이다. 하지만 모람모람 공부법은 이해가 되지 않는 단 하나의 부분을 이해가 될 때까지 계속 물고 늘어지라는 방식을 권하지 않는다. 오히려, 그것이 미련한 방식이라고 주장한다.

이해가 될 때까지 며칠씩이고 고민하는 것이 아니라 이해가 되지 않는 채로 빨리 빨리 다음 어려운 부분으로 넘어가라는 것이다. 한 문제를 풀기 시작하는데 고민하는 시간이 30초 이상이 걸린다면 다음 문제로 넘어가는 것이 좋다. 저자는 이를 '30초 룰'이라고 부른다.

게임에 적용되는 방식의 빠른 속도 혹은 시간제한을 공부에 적용하는 것이다. 빠른 속도로 복습하는 방식의 장점이라면 점점 공부가 약간씩이라도 재미있어질 수 있다는 것이다. 하나도 모르던 것들이 10여개 혹은 20여개씩 리스트가 쌓이고 역순복습에서 순환복습으로 넘어가는 과정에서 점차 한두개씩 이해가 되기 시작한다.

계속 복습하는 문제들을 이해하지 못한 채로 암기만 되는 것이 아닌가 고민 고민하던 중에 거의 모든 어려운 문제들을 시험 전까지 외워지고 또 마침내 이해하기를 바란다. 그리고 시험이 내일이면 이제 오히려 빼먹은 것은 없는지 확인하면서 쉬운 부분을 공부해 보아라. 애초에 더 공부할 필요가 없는 부분이 90퍼센트 이상일 것이다.

시험 보는 순간에는 어려운 것은 100번을 복습해서 완벽해지고, 쉬운 것은 시험전날에 벼락치기를 통해서 완벽해져서 마침내 아주 어려운 것부터 쉬운 모든 것을 다 알고 있는 상태에서 문제를 풀어가는 쾌감을 느껴보기를 바란다. 이렇게 공부할 경우 계획된 대로 된다면 당신은 실수하지 않는 한 항상 100점을 맞게 된다.

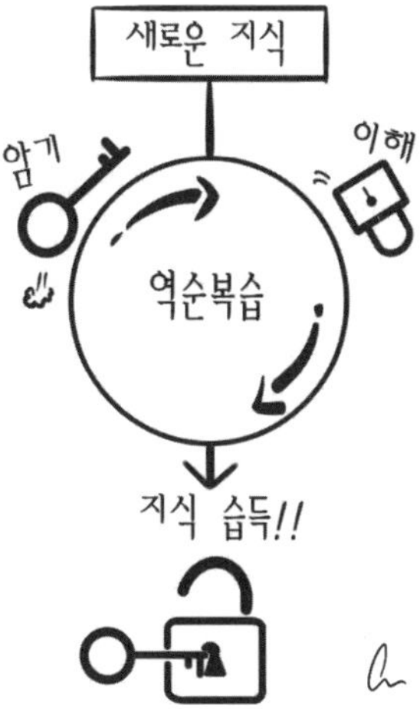

마지막으로 초반에 계획을 무리하게 세우지 말기를 바란다. 흔히 말하는 것처럼 본인의 능력을 과신해서 얼마 남지 않은 시험에서 최고수준을 지나치게 높게 잡는다면 당신은 어쩌면 50점이 넘지도 못할 수 있다. 또 지나치게 겁먹고 최고수준을 너무 낮게 잡는다면 당신의 점수는 80점을 넘길 수 없다. 따라서 초반에 말한 것처럼 시험기간을 잘 계산하여 그 기간 내에 가능한 최고수준의 어려운 부분들부터 시작하도록 하라.

2. 이해는 암기의 선행조건이라고 생각한다
⇨ 아니다. 암기와 이해는 그 순서가 정해져 있지 않다.

'이해'를 강조하는 대표과목은 수학이므로 이 소단원에서는 수학이야기를 위주로 진행해보자.

첫 번째 반론의 근거는 이것이다. 우리 인간의 두뇌는 각종 특징을 가지고 있다. 어떤 두뇌는 어학에 적합하고 어떤 두뇌는 수리에 적합하며 어떤 두뇌는 스포츠에 적합하다고 말한다면 이를 부정할 수 있는가?

마찬가지로 사람들은 '이해'에 특화된 두뇌를 가진 사람도 있고 '암기'에 특화된 두뇌를 가진 사람도 있다. 물론 그 반대로 '이해'를 잘 못하는 두뇌도 있고 또 '암기'를 잘 못하는 두뇌도 있다. 그런데도 많은 수학교사들과 수학강사들 혹은 부모나 친지 중 소위 수학을 잘 하는 사람들은 '이해'만을 강조한다. 그리고 '암기'를 경시 내지 경멸한다. 마치 수학의 적이 '암기'인 것처럼.

그렇다면 이들은 왜 이렇게 '이해'만을 강조하는가? 바로 본인들이 '이해'위주의 두뇌를 가지고 있기 때문이다. 경제학적 용어를 빌리자면 '이해'와 '암기'중에서 적어도 이해해 관하여 비교우위정도는 가진 이들이라는 것이다. 본인들이 그렇게 해서 성공했기 때문에 본인에게는 '이해'위주의 방식이 어울렸고 따라서 본인의 제자들과 친지들에게도 '이해'위주의 공부법을 강요 내지 강조하게 된다는 것이다.

불행히도 일반인들은 오히려 '이해'보다는 '암기'쪽의 두뇌가 더 발달했을 수 있는데도 말이다. 특히 이해하기 어려운 고학년 수학으로 갈수록 공식뿐 아니라 '문제유형'조차도 '암기'해야 하는 경우는 매우 흔하다. 여러분은 '소금물농도'계산과 '기차 혹은 터널의 길이와 속도'계산 그리고 '시침과 분침의 각도'계산 문제들을 중학교 수학의 악몽으로 기억하고 있다.

그런데 이러한 문제들을 그 해당 유형을 몇 가지씩 추려서 암기한다면 수학 못하는 여러분들조차 대부분의 관련문제들을 손쉽게 풀 수 있었다는 사실을 알고 있는가? 그리고 이럴 경우 먼저 외웠다고 해서 영영 이해 못하는 것도 아니다. **즉 관련유형을 확고하게 외우고 나서도 계속 복습한다면 근본원리에 대한 이해도 나중에 보너스처럼 주어지는 것이다.**

이해먼저를 절대 진리처럼 주장하는데 대한 두 번째 반격은 이것이다. 당신은 구구단을 '이해'부터 했는가? **당신은 '근의 공식'을 '이해'부터 했는가? 당신은 '피타고라스의 정리'를 '이해'부터 했는가?** 어쩌면 근의 공식을 배우면서 완전제곱 꼴로 근의 공식이 유도되는 과정을 '이해'함으로써 그 공식을 나중에야 '암기'했다고 주장하는 사람도 있을 수 있다. 피타고라스의 정리조차 공식을 외우지 못한 상태에서 각 변에 정사각형을 그려봄으로써 피타고라스의 정리를 제대로 '이해'해서 외우게 되었다고 고백하는 사람도 있을 수 있다.

그러나 모든 문명사회의 아이들은 구구단을 '암기'한 후에 이해하기 마련이며 학생들 중 90퍼센트는 피타고라스의 정리도, 근의 공식도 '암기'해서 사용한다. 해당 공식을 '이해'해서 떠올리는 학생들만이 예외 없이 존재한다고 믿는가? 그렇다면 당신은 지구인이 아닐 수도 있다.

그렇다. 두 번째 반론의 근거는 이것들이다. 수많은 공식들은 '이해'의 여부와 관계없이 대부분 '암기'했기에 사용되어진다. '이해'했기에 사용되어지는 것이 아니라. 결론적으로 수학에서도 '암기'먼저가 가능하다. 가능할 뿐만 아니라 **이해력이 부족한 많은 혹은 대부분의 사람들은 어려운 문제일수록 '암기'부터 하고 '이해'하는 것이 꼼수가 아니라 당연한 과정인**

것이다.

수학은 '암기'가 아니라고 말하면서 외우겠다는 주장을 무시 내지 경멸하는 많은 사람들에게 소리친다. 이해력이 부족한 우리들은 수학을 포기해야만 하느냐고. 이해력이 부족하기에 우리들은 암기력을 동원해서 먼저 외우고 나중에 이해될 때까지 복습하겠다고. 그리고 이 방식이 이해가 되지 않았다면서 한 문제를 일주일씩 고민하는 것보다 현실적인 대안이라고.

3. 공부는 극히 일부 학생들에게만 재미있는 것이다
⇨ 그렇지 않을 수 있다. 마치 게임처럼 공부하면 공부도 게임처럼 약간은 재미있을 수 있다.

많은 학생들은 소위 '게임중독'증상에 빠진다. 부모들은 걱정한다. 아이들이 그 악마 같은 게임의 유혹에 넘어가는 이 안타까운 현실에 대하여 당신은 무엇을 느끼는가? 게임은 재미있다는 것이 지상의 절대명제이며 모두에게 공히 인정받을 수밖에 없는 피할 수 없는 중독성을 가지고 있다고 생각하는가?

모람모람공부법에서는 이 게임의 원리에 대하여 구체적으로 그 매력을 직시해보라고 권한다. 피하는 것만이 능사가 아니다. 우리는 게임이 가지는 중독성 못지않게 공부는 왜 이렇게 재미없는지에 대하여 용감하게 파헤쳐야만 한다. 즉 **게임에 반하여 공부는 왜 이렇게 재미가 없는지에 대하여 우리가 혹시 놓치고 있는 점은 없는지 진지하게 생각해봐야 한다는 것이 저자의 주장이다.**

이 세상에 막연히 재미있고 재미없는 것이 주어졌다고 생각하지 말라. 게임은 수면욕, 식욕처럼 본능조차 아니지 않은가? 게임에 수많은 장르가 존재하며 사람에 따라서 일부 장르에 대하여만 매우 중독성을 느끼며 어떤 장르는 무료로 하라고 해도 싫어한다는 사실을 참조해보라

이제 구체적으로 게임의 매력적 요소를 하나하나 들고 이를 공부에 적용할 수 없는 것인지에 대하여 말해보자. 일반적으로 많은 학생들이 빠져있고 따라서 그 대중성을 인정받고 있는 게임이라면 LOL 즉 리그오브레전드 등의 리얼타임롤플

레잉게임 혹은 서든어택 등의 FPS 즉 일인칭 슈팅게임 등이 그것이다.

이러한 **게임의 공부에도 적용할 수 있는 특징은 첫째 반복적 행위가 존재한다는 사실이며 둘째는 시간에 계속 쫓긴다는 것이다. 그리고 셋째 스릴이 있다는 점도 빼놓을 수 없다.** 자 하나하나 공부에 적용해 보자. 적어도 공부가 너무 재미없어서 죽을 만큼 싫을 필요까지는 없지 않겠는가?

첫째 반복적 행위는 왜 재미있는가? 모든 노래에는 반복적 후렴구가 존재가고 이러한 후렴구가 그 노래의 히트에 매우 큰 영향을 미친다는 사실을 부정할 수 없는 것처럼 '반복'은 그 자체로 매우 중요하다. **원래 재미있다는 것은 약간의 비율의 차이는 있겠지만 7:3 혹은 8:2 혹은 9:1의 익숙함과 새로움의 배합인 것이다.**

우리의 공부법도 이와 같이 만들면 더 재미있을 수 있다. 그러므로 복습을 강조하는 모람모람공부법이 그 의미를 더욱

갖게 되는 것이다. 대부분의 공부법들은 이러한 복습을 경시한다는 사실도 다시 한 번 상기해보자.

둘째로 게임의 시간제한적인 진행도 생각해보자. 시간에 계속 쫓기는 것이 우리를 한계상황으로 몰아가는 것이 왜 재미있느냐고? 늘어지다 보면 무기력증과 우울증에 빠질 수도 있다는 사실을 상기해보자. 즉 **시간제한은 우리로 하여금 오히려 에너지를 가지고 대상에 대하여 집중하게 만드는 최소한의 제한이며 전제조건이다. 모람모람공부법이 강조하는 30초룰을 기억하라.**

그에 반하여 지금 시중에 유행하고 있는 '하나의 어려운 문제를 이해하기 위해 당신의 수많은 시간을 희생하라'는 식의 여유 있는 대중적 공부법을 비교해보라. 암기에도 이해에도 너무 많은 시간을 투자하도록 만들면 안 된다. **1시간에 하나씩 그렇게 10시간을 특정 대상에 대하여 고민하느니 30초마다 1개씩 20~30개의 어려운 대상들의 리스트를 가지고 잠깐씩 고민하는 것이 훨씬 더 효과적이라는 사실을 기억하라.**

인간은 시간에 쫓기는 것을 싫어하면서도 동시에 적당히 쫓기는 것을 사랑하기도 한다. 모람모람공부법은 계속 시간제한을 강조한다.

물론 표현을 달리해서 이 시간제한을 설명할 수 있다. 우리 모두는 거의 속도광이다. 아무리 차분한 사람도 차가 한없이 밀리는 러시아워 시간에 차를 운전하면서 가고 있을 때 즐거워하기는 힘든 법이다. 우리는, 인류는 스피드를 즐긴다. 저자 생각에 이는 성욕이나 수면욕 식욕처럼 일종의 타고난 인간의 본성인 것이다. 따라서 속도를 즐겨라. 그리고 이를 달리 표현한 것이 '시간제한'인 것이다.

우리에게는 빠른 리듬이 필요하다. 이는 필수적이다. 그래서 우리는 다리를 떨고 서성거리고 걸어가도 될 거리를 굳이 뛰어갈 때가 있으며 차분하고 느리게 말하면 실수가 없다는 사실을 잘 알면서도 빠르게 수다를 떨고 흠투성이의 연설을 하게 되는 것이다. 인정하자. 때로 **속도는 피할 수 없는 우리의 본능이다. 따라서 속도를 즐기도록 하자. 공부에도 마찬가지다.** 그러기에 모람모람공부법은 적절한 공부방식이다.

셋째 스릴이 넘치도록 존재할 수밖에 없는 것이 모람모람공부법이다. 예를 들어 한국사에서 남들이 제일 외면하고 외우기를 거의 포기해버리는 연대표와 지도를 시험기간까지 100퍼센트 외우는 것을 목표로 설정하라. 또 수학에서는 전교 1등도 포기할 가장 어려운 문제부터 반복반복 또 반복해서 시험전날까지는 내 것으로 만들어라. 그리고 나머지 쉬운 것들 혹은 역사에서 단 한번만 읽어도 기억날 만한 쉬운 것들은 시험 전날에 공부해보라.

그 심장이 쫄깃쫄깃해지는 스릴이 상상되는가? 저자는 매

시험 때마다 이러한 스릴을 즐겼다. 시험은 다가오는데 그 어려운 연대표가 다 완벽하게 외워질 수 있을까? 이토록 어려운 문제들이 시험 전날까지는 완벽하게 내 것이 되고 마침내 응용되어질 수 있을까? 과연 어려운 것들이 다 이해되었어도 그것들보다 더 아랫단계의 쉬운 것들 중에 내가 빼먹은 것들은 없을까? 어려운 것들부터 쉬운 것들까지 모든 내용을 시험보는 순간에 모두 빠짐없이 기억할 수 있을까?

저자는 매 시험 때마다 심장이 두근거렸다. 스릴이 넘쳤다. 여러분도 이 스릴에 도전해보는 것이 어떠한가? **이 모람모람공부법에 빠진다면 당신은 웬만한 게임보다 훨씬 더한 스릴을 즐기게 될 것이다.**

4. 당신은 역사시험공부는 흐름을 읽는 것부터 시작하는 것이 마땅하다고 생각한다.

⇨ 그렇지 않다. 역사시험공부는 연도를 외우고 그 다음 지도를 외우는 것부터 시작해야 100점을 맞는다.

저자는 수학과 같은 이해위주의 과목이 모람모람공부법을 적용하기에 가장 강력한 과목이라고 생각한다. 그러나 일반 방식과 너무 달라 적용하기에 쉽지는 않다. 일반적으로 한국인들이 가장 어려운 문제부터 풀어야 한다는 사실에 거부감을 갖는 것은 매우 당연하다. 따라서 모람모람 공부법의 보다 수월하고 적당한 시작으로 역사과목은 어떠할까?

즉 한국사와 같이 암기력을 요구하는 과목에 먼저 모람모람식 공부법을 적용해보라고 권한다. 물론 첫 시작은 가장 어려운 연대표부터다. 왜냐고? 연대표보다 더 어려운 역사항목은 없으니까. 연대표를 다 외우고 지도를 그 다음으로 외워보라. 물론 쉽지 않다. 그러기에 연대표외우기를 제일 먼저 시작해야 한다. 시험일까지 역순복습으로 시작해서 단위원칙과 순간반복의 원리 그리고 순환복습의 방식까지 규칙들을 잘 활용한다면 당신이 저자이상으로 나쁜 암기력을 가지고 있더라도 결국 다 외울 수 있을 것이다.

연대표를 전부 외운 사람에게는 연도 혹은 역사적 사건의 순서대로 늘어놓기 문제만큼 쉬운 것이 없다, 그런데 이 암기력이 쉽게 유지되지 않는다는 것은 다들 알 것이다. 외워도 힘든 것이 숫자외우기이다. 연대표를 처음에 외우는 가장 좋은 방식은 당연히 역순복습이다. 새로 하나를 나가면 반드시 5개 정도를 뒤로 복습하여라.

중간고사나 기말고사 등의 시험범위기준으로 보통 외워야 할 연도의 숫자는 40~50개이고 수능, 한국사자격시험 등의 교과서 전체기준으로는 200~300개 정도이다. 이 숫자들은 영어단어와는 다르다. 계속 외워도 헷갈리고 또 헷갈린다. **완벽히 외워지려면 숫자들을 필수적으로 그물망작업의 단계까지 도달해야만 한다. 즉 비슷한 숫자의 배열들을 다 연결해야만**

한다는 것이다. 1392년의 조선건국과 1592년의 임진왜란이 1~92라는 배열의 공통점을 가진다는 사실을 인지해야만 한다. 1776년의 규장각확장과 1876년의 강화도조약이 1~76년의 공통점으로 연결되어야만 한다.

이와 같이 정말 어렵고 오래 걸리는 연대표에 익숙해지면 그 다음에는 지도를 외워보자. 고조선시대 삼한시대 삼국시대 발해를 포함하는 남북국시대 고려 조선을 거쳐 구한말과 일제강점기 그리고 현대지도에 이르기까지 숱하게 많은 지도의 변천사가 존재한다. 지도를 외우는 것도 마찬가지로 처음에는 역순복습을 사용하자.

당연한 이야기지만 현대에도 동일한 지명들은 외울 필요가 없다. 외워야만 할 사항들을 지도에 표시하자. 지명 하나하나를 한 개의 최소단위로 삼자. 순간복습도 지켜주자. 시험을 위해서 테스트를 간절히 원한다면 휴대폰으로 그 사진을 찍어서 지명이 나올 만한 부분에 색칠을 해 버리면 된다. 사실 저자는 이것이 굳이 필요 없다고 본다. 역순복습 후 순환복습을 하면서 자신 있는 부분의 지명을 체크에서 해제하는 절차만으로 충분하다. 시험해보라. 불안하다면 테스팅용 폰조작사진으로 도전해보라.

굳이 이런 시험용 자료를 따로 만드는 그 시간에 그냥 적절한 회수를 반복하는 편이 더 효과적이지만 사람에 따라 취향은 천차만별이니 그런 분들을 위한 지침으로 폰사진을 거론한 것이다.

그 다음으로는 왕의 업적 그다음으로는 분야별 정리가 필요하다 예를 들어 군사 분야의 제도의 시대별 변천 통화의 시대별 변천 농업기술의 시대적 변천 혹은 미술의 시대적 변천 등이 그것이다.

이러한 분야별 정리는 문제집 등에 잘 정리되어 있는 편이니 참고하여도 좋다. 단 이런 따로 따로의 요약본도 좋지만 본인 자신이 끊임없이 그물망작업을 하는 것이 원칙적으로 제일 우수한 방법이다. 즉 조선후기 상평통보가 나오는 장면에는 조선전기, 고려시대 혹은 삼국시대 화폐의 변천에 대해 따져 보고 기억나지 않는 것들은 잘 체크해 두었다가 그 부분을 복습할 때 연결시키라는 말이다. 물론 성격에 따라서 이렇게 궁금한 리스트를 쓰는 것도 좋지만 저자는 사실 너무 게으르기에 머릿속에 저장해놓으려고 노력하는 정도로 마무리 지었다. 반복해서 말하겠지만 적절하게 게으른 사람이 공부를 잘 하는 법이다.

최근에는 그 리스트를 노트에 정돈하기를 추천한다. 단 일일이 다 찾아볼 생각을 하지 말도록 하라. 다음 복습에서 혹은 그 다음 복습에서 해당 부분이 나왔을 때 틈틈이 완성시키기를 권하는 바이다. 즉 위의 예에서 조선후기 상평통보 만 써놓고 나머지 시대는 빈칸으로 내버려두었다가 틈틈이 그 빈칸을 메우라는 이야기다. 시험보기 전까지 완성하는 것을 목표로 하라.

모든 완성은 시험 보는 순간에 맞추어지면 된다. 미리 완성해보았자 별 의미가 없다. 효율성이 떨어지는 것이다. 아주 약간의 여유만을 남겨놓고 전 과목 백점을 향해서 공부하라. **가능하다면 벼락치기나 초치기할 것도 남겨놓도록 하라. 그래야 스릴이 넘치고 재미있는 법이다.** 벼락치기란 당일치기의 다른 말이며 초치기란 시험 당일에도 마지막으로 모르겠는 리스트를 시험직전까지 반복하는 것을 의미한다. 당신에게 주어진 모든 시간을 알차게 사용하라. 마지막 시험시간에 모든 것들이 완벽해지도록 구성하라.

위의 과정을 거치면 실수하지 않는 한 당신의 역사점수는 100점이다.

5. 당신은 호기심이 바로바로 충족되어져야 한다고 생각한다

⇨ 아니다. 호기심은 적절하게 유지되는 편이 더욱 유리하다.

대부분의 사람들이 잘 모르는 문제는 바로 바로 해결하고 넘어가야만 한다고 이야기한다. 하지만, 적어도 저자의 생각에는 그렇지 않다. 꾸준한 공부에는 지속적인 호기심이 매우 중요하다. 저자는 **하루 10시간의 공부보다 흥미가 유지되는 30분의 공부가 더 나을 수 있다**고 주장한다. 그 전제조건중의 하나가 흥미의 유지다. 즉 궁금증을 유지한 채로 복습을 진행해야 공부가 그나마 아주 약간이라도 재미있는데, 궁금증에 대한 고민과 복습의 과정을 제대로 거치지 않고 바로 그 호기심들이 해결되어 진다면 그 내용들은 장기적으로 기본지식화 되기 힘들다는 것이다.

오래 고민하는 내용이 더 오래 기억에 남는다는 것은 우리 모두가 이미 알고 있는 사실이다. 물론 하나의 궁금증만 집착해서 계속 붙잡고 있는 것은 저자가 지극히 반대하는 못난 모습이다. 단지 모르는 것 또는 어려운 것들의 리스트를 작성하고 해당 리스트를 꾸준히 조금씩 고민하는 것은 그것이 바로 공부의 본령이다.

좀 더 생생하게 묘사하자면 모람모람공부법은 한 개의 궁금증에 대하여 지속적이고 끈질긴 고민 끝에 답을 내리기 보다는 적절한 개수의 궁금증리스트들을 유지하면서 적당히 빠른 속도로 해당 리스트의 내용을 반복적으로 복습을 하고 그러는 중에 어느 순간 문득 리스트상 대상들 중 한두개씩이라도 해답을 찾게 되는 과정을 효율적인 공부라고 주장한다.

호기심이 옆에 있는 부모님이나 학원선생님 혹은 과외선생님에 의하여 바로바로 해결되어지는 것이 매우 이상적이라고 생각하는 여러분에게 질문한다. 그 학생은 과연 공부를 호기심에서 할 수 있는 기회가 있을 수 있을까? 고작 몇 초 혹은 몇 분 만에 호기심이 해결되어지는 것이 올바른 방법일까?

공부의 근원은 호기심이다. 궁금해 하고 그것을 해결하는 것이 가장 재미있는 공부의 핵심이요 별미다. 그 가장 중요하고 반짝거리는 핵심을 부모의 사랑이나 선생님의 관심이라는 말도 안 되는 변명으로 더럽히지 말라. 너무 궁금해서 못 참게 될 때까지만이라도 여유를 주도록 하라.

호기심을 다스리고 관리하는 습관을 들이도록 유도하라. 특히 **학원 강사나 과외선생이 그들의 지식을 자랑하는 수단으로 학생들의 호기심을 짓밟는 행위를 하지 못하도록 조심하라.** 물론 전제조건으로 좋은 교재를 선택하라. 쓸데없이 그림이 복잡하게 얽혀있는 책을 고르지 말도록 하라. 그림이나 설명이나 도표가 한 페이지의 흐름 속에서 렬로 나열되어있는 교과서적인 체계를 권장한다.

여백이 있어야 할 곳에 부연설명이 복잡하게 달려있는 책을 멀리하도록 교육하라. 평탄화작업과 그물망작업에 적합한 책은 일렬구조로 구성된 책이다. 소위 화려한 참고서형 책을 멀리하도록 교육하라. 물론 그보다 더 나쁜 **최악의 책은 문제위주의 책들이다.** 문제집으로 공부하도록 교육하지 말도록 하라.

문제집들은 그물망작업을 인위적으로 몇 가지로 한정하기 마련이다. **문제집위주의 공부진행은 문제집들이 공통적으로 취급하는 일부 대표유형만을 익숙하게 풀 수 있게 만들 뿐이다. 숨어있는 어려운 문제들은 그만큼 풀 수 있는 기회를 오히려 놓치게 만든다.**

본인이 그물망작업을 통해서 무한히 많은 문제들을 만들어내도록 교육하라. 진정한 공부는 공부하는 학생이 스스로 문제들을 만들어내는 과정이 중요하다. 본인의 문제는 대부분 그물망작업중에 만들어진다. 평탄화작업중에 만들어지는 문제는 단편적 문제일 뿐이다. 즉 빈칸넣기가 그에 해당한다. 반면에 **그물망작업중에 만들어지는 문제들은 100점을 맞기 위한 문제들이며 매우 많은 복습과 고뇌를 필요로 한다.**

비록 초반에는 발전이 더딘 듯 하지만 마지막에는 책에 나와 있는 모든 지식들을 빠짐없이 살아있고 연결되어있도록 만드는 유일한 방법이 교과서로 공부하는 것이다. 여기서 교과서라는 것은 꼭 국가지정이라는 뜻이 아니라 가장 기본이 되는 참고서일 수도 있고 주변에서 가장 많이 찾는 베스트셀러일 수도 있다. 그런 책 한 권을 선택하여 그물망작업까지 끝마치도록 노력하라. 그런 다음에 다른 책을 보아도 늦지 않다.

아이들의 호기심을 또 당신의 호기심을 경시하지 말라. 그 호기심이 오늘날의 인류의 발전의 진정한 원동력이다. 그 호기심이 고대 그리스학자들로 하여금 지구의 크기를 궁금하게 여기도록 만들었고 화성으로 로켓을 쏘아 올리도록 만든 원동력이다. 진정 아이들의 호기심이 유지되면서 100점을 맞도록 하기를 원한다면 당신의 자녀들로 하여금 모람모람공부법으로 공부하도록 훈련하라.

저자가 아는 한 대한민국의 **어느 사설 교육기관도 어느 과외선생님도 학생들의 호기심을 인정하지 않는다.** 혹은 반대로 극단적으로 호기심만을 강조하여 이해를 못하는 많은 학생들로 하여금 소위 수포자의 삶을 살게 만드는 것도 문제다. 과유불급이니 무엇이든 극단적인 것들은 지양해야 할 바다.

6. 당신은 부모의 칭찬이 매우 중요한 학습요인 라고 믿고 있다

⇨ 아니다. 부모의 관심과 사랑 그리고 격려는 공부와 별개의 문제이다. 결국 본인의 공부습관이 제일 중요하며 부모의 격려는 환경 내지 부차적 문제일 뿐이다

대다수의 사람들이 부모의 칭찬이 아이의 학습 능력에 많은 영향을 미칠 것이라고 생각한다. 소위 전문가들이 텔레비

전이나 유튜브 등에 나와서도 마찬가지의 논리를 주장한다.

하지만 사실 이것은 공부의 본질과는 연관이 없다. 이는 단지 공부 습관이라는 메인 요리에 곁들이는 사이드 요리 같은 존재라는 것이다. 입맛을 돋우어 해당 메뉴에서 조금 더 즐거운 식사를 도울 수는 있지만, 사이드 요리를 먹고 식사를 끝냈다고 이야기하는 사람은 없다. 부모의 칭찬이 공부의 압박을 조금은 덜 수 있지만, 이 또한 공부 자체에 대한 지침이 없다면 혹은 공부의 원동력인 호기심이 없다면 결국 부차적인 문제일 뿐이다. 중요한 것은 본인이 가지고 있는 공부방법 혹은 호기심인 것이다.

그렇다면 왜 이런 부차적인 문제들에 필요이상 집착하는 현재의 이상한 형태가 대세인 것일까? 공부의 본질에 대한 근본적인 접근이 제대로 연구되어지지 못한 결과로서 무엇인가 이를 대체할 필요가 존재하게 된 것이다. 즉 **공부를 못하는 학생들을 위한 핑계거리로서 부모의 관심과 사랑부족이라는 좋은 구실을 찾은 것이다.** 물론 극히 일부 학생들의 문제는 그 근원이 부모일 수도 있다. 그러나 대다수의 학생들에게 공부의 문제는 공부법이나 공부와 관련된 습관인 것이다.

본질을 직시하자. 공부에 대한 학생의 태도가 문제라면 1차적으로는 그 학생이 가지고 있는 공부방법 혹은 공부를 대하는 습관 등에서 근원적 문제점을 찾아보자. 얼마나 효율적인 공부법인지 혹은 호기심을 짓밟는 좋지 못한 공부습관은 없는지 혹은 두뇌와 신체 그리고 정신 사이의 불균형은 없는지. 두뇌의 내부로 눈을 돌려서 이해와 암기의 균형, 그리고 예습과 복습의 균형은 잘 유지되고 있는지를 자세히 분석해보자.

그런 다음 이 모든 것이 잘 지켜지고 있다는 가정 하에 그 다음으로 주변의 환경중의 일부로 부모와의 관계가 나와야 제대로 된 순서가 아니겠는가?

7. 오늘 하루 최대한 많은 시간을 공부하려는 태도가 올바른 공부자세라고 당신은 생각한다.

⇨ 아니다. 오늘 하루 공부시간이 10분일지라도 시험 때에 오늘 공부한 내용이 100퍼센트가 떠오르도록 치밀하게 계획을 세워 공부하는 것이 최선이다.

많은 학생들이 오늘 하루의 공부 시간과 시험의 결과가 비례해야 한다고 생각한다. 효율적인 방식이라는 근본적인 흐름의 중요성은 잊은 채 단지 느낌으로서의 최선만 다하는 것으로 만족하려고 한다. 매일 매일 사냥하는 원시인들도 최선을 다하는 하루를 보낼 수 있다. 그런데 그런 원시인들이 하루의 최선을 다했다고 만족하기만 했다면 인류의 문명은 아직도 돌도끼의 사용으로 만족할 수준의 발전에서 유지되고 있을 것이다.

하루기준의 최선은 중요하지 않다. 아니 **하루기준의 최선만으로는 무엇인가 모자르다**. 좀 더 엄밀히 말해서 하루의 최선 속에는 효율성, 균형 그리고 장기적 계획과 시험스케줄 등의 전반적인 것을 고려한 최선이 담겨야 한다. 특히 전반적인 스케줄을 고려하여 자신이 목표하는 지점까지 그 최선들을 차분히 쌓아가는 것이 더욱 중요한 것이다.

예를 들어 **공부는 어려운 것을 해결하는 것이라고 생각하는 현대의 잘못된 지침 속에서 계속 새로운 문제만을 가지고 끙끙거리면서도 복습은 유치하고 단순한 것이라면서 계속 무**

시한다면 과연 열심히 공부한 오늘 하루의 분량 중에서 막상 시험 보는 순간기준으로 무엇이 남아 있을까?

예를 들어 하루 최대 단어 암기량이 200개인 학생이 매일 200개를 외우고 시험 보는 당일까지 5000단어를 외웠는데 복습을 제대로 하지 않아서 그 중에서 4500단어를 잊어버릴 수도 있다. 과연 이러한 행태가 최선인가? 어떤 학생이 어려운 문제를 해결하는 것이 수학의 본령이라면서 1년 동안 매일 50문제의 어려운 문제를 풀어서 1년 동안 20000문제를 풀었는데 시험 보는 당일 그 20000문제 중 19000문제를 잊어버렸다면 과연 이것이 최선인가?

인간은 끊임없이 망각하는 동물이다. 또한 수도 없이 반복해야 원하는 지식의 수준에 다다를 수 있는 '반복을 필요로 하는' 불완전한 지식을 갈고 닦아야 하는 결함 많은 생체컴퓨터이다. 우리는 단 한번을 고생했다고 해서 해당지식을 내 것으로 만들 수 없다는 사실에 주목해야만 한다. 이 기억의 불완전성을 고려하지 않는 그 어떠한 공부법도 결함투성이일 수밖에 없다.

최근에도 많은 학생들이 이해와 개념을 강조하고 수많은 문제를 푸는 것으로 공부를 '대신'하려고 하는 장면을 수도 없이 목격해왔다. 이런 미신을 추종하는 행태를 당장 그만두기를 강력히 촉구한다. 그리고 이러한 비효율적이고 근시안적인 행태를 조장하고 부추기는 모든 종류의 강사 혹은 스승들을 경멸하고 또 경멸한다. **공부는 오늘 하루의 최선에 따라서 그 결과가 바뀌지 않는다.** 차가운 머리와 뜨거운 가슴을 외치는 것처럼 부디 공부에 관해서도 한없이 냉정한 판단이 우리의 공부하고자 하는 의욕과 같이 어울려야만 한다고 주장한다.

따라서 우리는 오늘 하루가 아닌 목표하는 그 날짜를 최선의 기준으로 잡고 경주를 시작해야한다. 오늘 공부한 양이 가장 많은 것 같다고 하더라도 그것이 시험 날 머릿속에 남은 정보의 양을 설명하지는 못하기 때문이다. 이는 다시 최선을 다하는 방식, 곧 공부 방식의 중요성으로 연결된다. 지금 당장 더 많은 양의 공부를 채우는 것이 아닌 장기 기억을 위한 복습을 실천하는 것이다. 막무가내로 열심히 하는 것은 오히려 개념에 대한 흡수율을 저조하게 만든다.

당신의 시험의 결과는 오늘 공부한 양이나 오늘 공부한 시간에 좌우되지 않는다. **당신의 오늘 공부한 양 중에서 단 하나도 버리지 않고 모든 것을 시험에 기억나도록 그것도 매우 잘 기억나게 하여 마음대로 원하는 순간에 원하는 방식으로 떠오르고 연결되도록 만드는 것 그것이 바로 오늘의 최선인 것이다.**

인간의 불완전성을 인정하는 자세 이것이 없는 모든 공부 방법은 태생적인 결함품이다.

8. 문제집을 많이 푸는 것이 응용력을 키우는 것이라고 당신은 믿고 있다

⇨ 아니다. 응용력은 지식의 깊이에서 나오는 것이고 지식의 깊이는 복습회수와 그물망작업의 정도에 비례하는 것이다.

문제집을 여러 권 푸는 것이 점수의 향상과 연관이 되어있다고 믿는 경우가 많다. 물론, 여러 권의 문제집 속의 모든 내용들을 복습과 함께 제대로 공부하고 있다면 그 믿음은 잘못된 것이 아니다. 하지만, 대부분의 사람들은 단순히 문제를 푸는 것에 의미를 부여한다. 앞서 말했듯 공부량이 점수로 환산될 것이라고 믿는 것처럼 문제수도 점수와 비례할 것이라고 믿는다는 것이다.

이와 같은 믿음은 결코 보상받지 못한다. 막연하게 문제수를 늘리는 것은 그 노력만큼 성적을 올리지 못한다. 오히려 실제로 **공부의 효율성을 높이기 위해서는 문제집 여러 권을 한**

번씩 보는 것보다 문제집 한 권을 여러 번 복습하는 것이 좋다.

충분한 복습을 통해 한 권에 대한 내용을 정확히 그리고 깊이 숙지한다면, 평탄화작업 그리고 그물망 작업을 통해 자유롭게 그 지식들을 꺼내어 활용할 수 있기 때문이다.

최근에 저자는 '양치기방식'이라는 이야기를 들었다. 수많은 문제집을 풀어보고 막연한 신개념유형을 준비한다는 것이다. 즉 '양으로 밀어붙이기'에서 나온 말인 듯하다.

저자의 고3이야기로 돌아가자. 7개월에서 8개월 동안 저자는 단 한권의 어려운 문제집만을 복습하고 또 복습했다. 중3실력에서 고1실력에 걸쳐있던 저자의 실력으로는 어려운 문제집을 푼다는 것은 요즘의 '개념 오직 개념'하고 부르짖는 사이비전성시대에 보자면 말도 되지 않는 것이었지만 저자는 학력고사를 얼마 남겨놓지 않은 시점에서 즉 6월 모의고사 시점에서 드디어 해당 문제집을 완전히 내 것으로 만드는데에 성공했다.

그리고 나서 저자야말로 요즘말로 양치기에 나서게 된다. 3~4달 동안 문제집 13권을 풀었다. 엄밀히 이야기하자면 푼 것은 아니었다. 즉 풀 수 있는 문제를 풀려고 했던 적은 없다. 단지 풀 필요 없다는 뜻에서 찍찍 그어대었을 뿐이다.

아직도 기억난다. 마지막 문제집을 풀 때 저자가 모르겠다고 체크한 문제는 고작 2문제였음을. 사실 2번째 문제집부터 모르는 게 극단적으로 다른 사람들에 비하여 적었었던 것으로 기억한다. 예를 들어 대략 4분의 1도 되지 않았다. 그러나 놓치는 문제가 있을까봐서 다른 친구들이 푸는 문제집이 눈에 띌 때마다 사들여서 풀어보곤 했다. 그렇게 13권째를 보았던 것이다. 마지막 문제집은 하루도 걸리지 않아서 끝내었다.

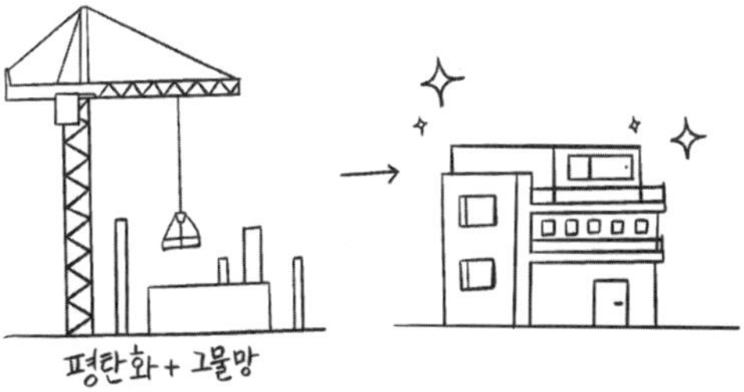

아는 문제를 푸는 분들을 볼 때마다 안타깝다. 그토록 자기위안이 중요한 것인지 묻고 싶다. 답만 맞춰 보아도 충분하지 않은가? 만약 본인이 틀린 생각을 했었다면 그 문제는 틀린 것으로 셈해서 복습하면 되지 않는가? 왜 뻔히 아는 문제를 풀어보고 맞았다고 안심하고 좋아하는가?

저자의 눈에 이러한 자기만족을 위하여 풀 수 있는 문제를 자랑스럽게 풀어보고 맞았다고 좋아하는 친구들은 분명 모자라 보일 뿐이었다는 사실을 고백한다. 지금도 마찬가지다. **부디 쉬운 문제나 자신 있는 문제를 푸는 시간에 모르겠는 어려운 문제를 한 번이라도 더 복습하기를 바란다.**

마지막으로 다시 한 번 소리쳐 본다. 이후는 내마음의 진실된 외침이다. '양치기' 하는 맹목적이거나 귀가 얇은 분들은 보시오. 당신들이 그렇게 버리는 시간동안 다른 과목과 골고루 공부를 배분하시오. 어차피 최초의 한두 권만 제대로 외운다면 당신이 그렇게 부르짖는 양치기방식을 충분히 적용하고도 남는다오. 그런데 무식하게도 **어느 것 하나 제대로 복습**

도 못 한 채로 여러 문제집을 본다면 어떻게 되겠소? 중복되는 문제유형만 익히게 될 뿐이오. 우연히 한, 두 권의 문제집에서 다루는 특이한 유형은 기억나면 맞고 기억나지 않으면 못 맞추게 된다오.

당신은 에너지 낭비가 심한 공부법을 자랑스러워 할 필요도 없고 더욱이 옆의 친구에게 이러한 연비 1짜리의 무식한 방식을 전파할 생각도 그만두시오. 부끄러운 줄 아시오. 저자는 분명히 1년 동안 수학문제집을 13권 플러스 기본책 1권해서 총 14권을 풀었다오. 그러나 이는 여러분이 맹신하는 양치기와는 완전히 다르다오. 단 하나의 모르는 문제도 그냥 넘기지 않고 복습하고 또 복습했다오. 최소한 학력고사 시험장에 들어서는 순간에 내가 공부했던 모든 문제들을 기억하면서 들어갔다는 말이오.

당신들처럼 어차피 잊어버리는 것을 무릅쓰고 공부하는 그런 헛똑똑이 짓은 단 하나도 하지 않았다오. 다른 과목을 공부할 시간을 희생하지도 않았고 충분한 수면을 포기한 적도 없다오. 당신들이 그렇게 맹신하는 잘못된 공부법이 얼마나 당신들을 비효율적인 공부방식으로 내모는지에 대하여 밤을 새워 비난하고 싶소.

본인은 하루 네 시간의 공부량과 8시간 이상의 수면을 목표로 고3생활을 했다오. 부디 이 효율적인 방식이 초반 한두 권을 완벽히 내 것으로 만드는 과정에서는 지루하지만 그 이후로는 무엇이든 될 수 있다오. 부디 그 이론적 완벽성을 통찰하기를 바란다오, 논리적으로 맞으면 최소한 실험이라도 해 보시오. 최근에도 지인을 통해서 연결된 한 분 에게 열심히 저자의 방식을 떠들었지만 아니나 다를까 양치기방식 이야기를 하고 개념이니 이해니 형편없는 단어들을 이야기하다가 연락이 끊겼다오. 이런 식으로 또 한 사람이 수렁에 빠지는 것이오.

자 논리적으로 다시 한 번 설명하겠소. 어려운 문제들로 유형이 중복되지 않도록 계속 골라내면서 500문제면 500문제 1000문제면 1000문제를 목표로 잘 외우도록 하시오. 무수히 복습하고 또 복습하시오. 역순복습, 단위개념, 순환복습 등의 규칙을 잘 지키시오. 평탄화작업과 그물망작업을 완수해내시오.

당신의 기초실력과 이해력, 암기력 등의 여러 변수가 있겠지만 대략 빠르면 4~5개월 늦으면 7~9개월 정도가 걸린다오. 대략 하루 1시간~2시간을 투자한다는 가정하게 그러하오. 물론 더 많은 시간을 투자할지 혹은 더 여유 있게 갈지는 당신의 선택이오.

해당 500문제 혹은 1000문제를 완벽하게 그물망 작업까지 마치었다면 이제 문제집을 마구 사서 풀어보도록 하시오. 모르는 문제는 모람모람노트식으로 정리하시오. 다른 이야기로 오답노트인데 별표를 통한 역순복습, 순환복습의 용이함, 공식의 끊임없는 반복, 깨달음을 쓸 공간, 반복회수의 표현방식 등에 편리한 공간제공의 특징을 가지고 있으니 이를 참조하는 것이 좋을 것이오.

이렇게 모르겠는 문제들은 모람모람노트로 정리해가면서 계속 새로운 문제를 더하도록 하시오. 이런 방식으로 중복되지 않으면서 모르는 문제를 고르는 동안 아는 문제를 굳이 풀어보는 시간낭비행위는 삼가도록 하시오. 틈틈이 복습은 계속 하도록 하시오. 이렇게 공부하면 시험시간에 당신이 공부한 모든 문제들을 기억한 채로 시험을 보게 된다오.

자신이 풀었던 문제 비슷한 유형은 당연히 보자마자 풀게 되고 전혀 풀어보지 못했던 신 유형이 나오더라도 걱정이 없다오. 복습회수의 엄청난 차이는 당신으로 하여금 응용력의 마스터라는 느낌을 줄 테니 말이오. 다른 학생들이 기껏해야 열댓번 혹은 아무리 많아야 20~30번의 복습으로 만족하거나 심지어 한두 번의 복습을 할 동안 당신은 100번이 넘는 복습을 했을 테니 어찌 비교가 되겠소?

게다가 이미 알고 있는 문제를 푸는 속도와 정확성도 타의 추종을 불허한다오. 유형을 외워버린 당신은 풀 수 있는 문제라면 단 한 문제도 놓치지 않고 빠르고 정확하게 풀 수 있다오. 이를 통해서 시간의 여유가 생기고 이 시간의 여유는 다시 당신으로 하여금 여유 있게 신 유형을 대하도록 한다오.

부디 용기와 함께 인간으로서 기본적인 논리력과 상상력을 장착하고 '막연하게 문제를 많이 푼다'는 소위 양치기방식을 바라보시오. 그 방식이 얼마나 우둔하고 바보스러운지를 또 '개념, 개념' 하는 사람들이 얼마나 한심한지를 직시하도록 하시라. 그러한 사이비에 속아 넘어가지 마시라.

9. 당신은 실수를 줄이기 위해서 많은 문제집을 풀어봐야 한다고 생각한다

⇨ 아니다. 막연하게 무조건 많은 문제들을 풀려고 하지 말고 실수들을 유형화하고 해당 유형당 단 1~2 문제씩을 체크해서 만족할 때까지 복습하라.

실수를 줄이기 위해 이미 알고 있는 문제도 반드시 비슷한 여러 종류를 풀어봐야 한다고 주장하는 이들이 있다. 예를 들어서 수많은 문제들을 포함하고 있는 학습지 등이 이러한 교육철학에 기초하고 있다. 저자는 이러한 저급한 수준의 주장들을 교육철학이라는 그럴 듯한 이름으로 포장하는 것이 바로 양두구육이며 허위과장광고라고 주장하는 바이다. 실수를 줄이는 것에 초점을 맞추는 것은 배우는 과정에서 매우 중요하기는 하다.

그러나 일단 그 **실수의 유형부터 파악하는 것이 필요하다.**

예를 들어 구구단에서 4단이 유독 틀린다든가 9단이 실수가 잦다던가 말이다. 그렇다면 해당 부분을 집중적으로 복습하면 된다. 그러나 이 실수를 줄이겠다고 2단이나 3단 문제를 푼다면 이러한 행위는 도대체 무슨 의미가 있는가? 부호를 틀리는 실수가 잦은 학생에게 곱셈문제를 풀게 하는 것은 무엇인가? 단위를 빼먹어서 틀리는 학생에게 인수분해를 시킨들 무슨 소용이 있겠는가?

실수가 일정한 경우에 반복되는 경향이 있다면 반복되는 실수가 발생하는 유형을 정리하고, 그 유형이 적용된 어려운 문제를 복습하는 것이 학습 능력을 키우는 중요한 방식이다. 결국, **실수를 방지하기 위해 이미 잘 알고 있으며 실수가 거의 없는 문제조차 기계적으로 풀어보는 것은 공부시간을 늘리긴 하지만 다 소용없는 시간일 뿐이다.**

예를 들어 인수분해에서 실수하는 학생에게 도형에 대한 문제를 들이민들 이러한 대응방식이 어떤 도움이 되겠는가? 부디 실수라면 실수를 실력이라면 실력을 막연하게 대하지 말고 '분석'부터 하여 그에 합당한 대책을 세우도록 하라. 답안의 마지막에 단위를 붙이지 않아서 자주 틀리는 학생이 있다고 쳐 보자. 이럴 경우에는 그렇게 틀린 한 두 문제를 남겨두고 이를 복습하도록 하면 된다. 시험 전날에 그러한 실수문제들을 다시 복습하는 시간을 갖도록 계획을 수립하면 된다.

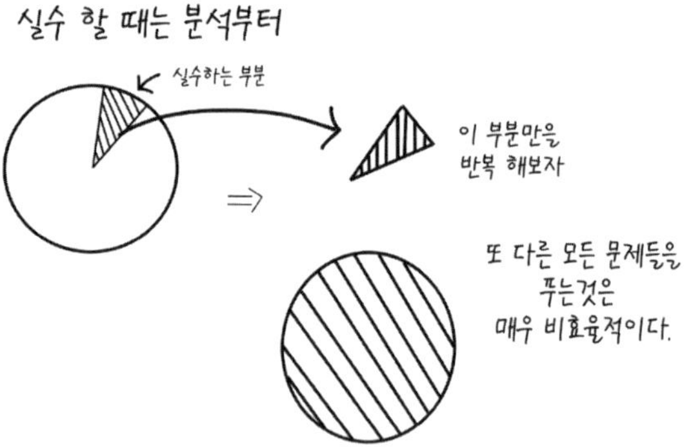

실수라고 모두 같은 실수는 아니다. 실력이 모자란 것을 감싸기 위해서 변명하는 것일 수도 있고 정말 모르거나 약한 부분이 일부 남아있는데 본인조차 이를 자각하지 못하는 경우도 있을 수 있다. 어떤 경우이든 일단 그 **부족한 지식의 대상을 특**

정하고 거기에 맞는 대책을 강구하라. 문제수로 이를 넘기려 하지 마라. 엄청 많은 문제를 풀면 물론 해당 문제점도 그 속에 포함될 가능성이 커지므로 당연히 해결에 도움을 줄 수 있지만 이야말로 빈대 잡으려고 초가삼간을 태우는 것과 무엇이 다른가?

부디 효율성의 의미를 되새겨 보도록 하라. 예를 들어 아이들에게 학습지는 대부분 너무 지겹고 의미 없는 책상 앞에 앉아있는 것만을 강요하는 비효율적인 형식적 행위이며 조금 과장하여 사회의 쓴 맛을 보여주는 요식행위일 뿐이다.

우리 모두는 어렸을 적 학교에서 교장선생님의 훈화시간이 대부분 얼마나 지루하고 비교육적이었는지를 기억한다. 우리는 모두 특히 남자분들은 군대에서, 여성분들은 사회에서 상사들의 형식주의에 질렸던 경험을 가지고 있다. 그런데 이런 요식행위 혹은 형식적 행위의 쓴 맛을 우리 아이들에게도 똑같이 가르쳐주고 싶은가?

부디 우리 세대는 효율성의 기치를 높이 치켜들고 비효율적인 행위 하나하나를 낱낱이 분해하여 꼭 필요한 부분들만에 초점을 맞추어 살아가도록 다음 세대를 교육하자. 실수한다고 문제집 한권을 더 풀라고 하기 전에 어떤 종류의 실수를 하였는지 분석하는 것부터 시작해보자. 이러한 조그만 방향의 전환이 우리의 미래를 책임질 것이다.

10. 공부란 책을 읽는 것이다. 책상 앞에 앉아 있는 것이다. 어려운 것을 이해하는 과정이다?

⇨ 모두 정확하지 않다. 공부란 '중요하고, 어렵고, 모르는' 것을 골라내서 반복을 통하여 완전한 '기본지식'으로 만드는 과정이다.

'공부'란 무엇일까. 저자는 주변의 많은 공부를 하는 사람을 보면서 내린 결론은 다음과 같다. 그들에게 공부란 시험을 잘 보는 하나의 과정이다. 혹은 어떤 자격요건이나 최소 지식을 추가하기 위한 기술일 수도 있다. 그런데 존재론적으로 과연 공부란 무엇인가에 대한 고찰은 없었다. 단지 아는 것 시험의 기술 등등 쓰임새에 대한 수많은 정의와 무관하게 정확한 공부의 정의는 없는 것이다.

일생을 좋은 공부법을 개발하기 위해 투자했다고 말할 수 있는 입장에서 저자가 내린 공부의 정의에 대한 결론에 대해 이야기해보겠다. **공부란 '중요한 것들 중에서 모르는 것 혹은 알기는 하는데 어려운 것들을 체크하고 복습하는 것'이다.**

첫째로 중요한 것들이어야 한다. 사소한 지식은 굳이 공부할 필요가 없는 법이다. 교재에 있는 연결구문에서 그리고를 쓰는 것과 그래서를 쓰는 차이는 알 만한 가치가 없다. 교수님이 이해를 돕기 위해서 든 여러 예제들 중에서 하나를 확실히 이해함으로써 그 원리를 이해했다면 나머지 예제들까지 굳이 다 알 필요가 없을 수 있다.

둘째 중요한 것 중에서도 '모르는' 것들을 공부해야 한다. **아는 것을 공부하는 것은 맹맹한 물을 더 잘 마시기 위해서 물을 추가로 타는 행위이다.** 많은 사람들이 의미 없이 행하는 '이미 알고 있는' 수학문제를 굳이 풀어보는 등의 행위가 이에 해당한다. 공부의 정의를 참고하면서 앞으로는 지금 풀려는 문제가 알고 있는 것이 확실할 때에는 굳이 풀지 말고 바로 답을 맞추어보도록 하라. 일반적인 경우에는 시간과 에너지의 절약이 맞았다는 만족감보다 더 중요하다.

셋째 중요한 것 중에서도 모르거나, '알기'는 하는데 일부만 안다거나 '이해가 되지 않는 것'들을 공부해야 한다. **가까스로 어려운 문제를 풀고 나서 많은 사람들이 복습조차 하지 않거나 기껏해야 몇 번 복습을 하지도 않고서는 이제 알았다고 넘어가버린다. 이런 식의 공부법이 사람들로 하여금 '응용력'이 없다는 식의 엉뚱한 결론을 내리도록 한다는 사실을 저자는 일생동안 목격해왔다.**

응용력은 완벽한 지식에서 나온다. 완벽한 지식을 저자는

‘기본지식’이라고 부른다. 해당 지식을 이렇게 기본지식으로 만드는 과정을 저자는 ‘기본지식화’라고 부른다. 그렇다 저자가 수많은 복습을 강조하는 진정한 이유 중의 하나가 바로 이것이다. 그냥 아는 것만으로 손을 뗄 생각을 하지 말라. 지식은 아주 아주 익숙해져서 나의 이름처럼 자신있어져야만 그때에야 비로소 그 지식은 ‘내 것’이 된다. 이렇게 나의 ‘일부분’이 되어야만 그 지식을 내가 통제하고 내가 다루고 내가 끌고 다니고 내가 ‘응용’할 수 있게 되는 것이다.

이렇게 단지 아는 것이 아니라 잘 아는 과정을 이끄는 과정을 개념상 평탄화작업과 그물망작업의 2단계로 나눈다. 사실 두 작업은 거의 연달아서 혹은 동시에 이루어진다. 보통은 평탄화작업이 먼저 진행되고 그 다음에 그물망작업이 이루어지긴 하지만 항상 그런 것은 아니다. 때로는 동시에 때로는 역순으로 이루어진다. 하나씩 따져보자.

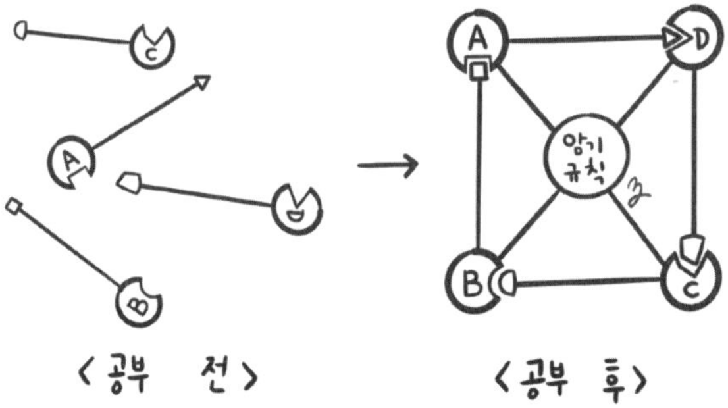

첫 번째로 언급할 개념은 '평탄화 작업'이다. **평탄화 작업이란 어려운 개념을 여러 가지 규칙의 적용을 통해 효율적으로 복습하는 과정이다. 즉, 자신이 어렵다고 느끼는 수준의 문제들을 쉽게 느낄 수 있도록 변환시키는 작업이라는 것이다.** 물론 그 대표적 방식은 역순복습이다.

둘째로 평탄화 작업이 어느 정도 완료되었다고 느껴진다면, 그렇게 쉬워진 지식들을 서로 연결시키는 작업이 필요하다. 이것이 두 번째 개념인 '그물망 작업'이다. 공부한 개념들을 제대로 저장해두고 자신이 원할 때 꺼내서 사용할 수 있는 지식으로 변환시키기 위해서는 이 그물망작업이 필수적이다. **지식은 하나만을 외웠을 때는 서서히 잊히는 것이 정상이지만 다른 지식들과의 연관속에서 외웠을 때에는 쉽사리 잊히지 않는 것이다**. 응용력도 더욱 향상되며 일생동안 잊히지 않는 진정한 나의 지식 즉 '기본'지식이 되는 것이다. 따라서 연결하고 또 연결하라. 일반적으로 그물망작업에 많이 쓰이는 방식은 순환복습이다.

어떠한 내용의 공부라도 이러한 두 작업을 통하면서 계속 복습하고 또 복습하면 해당 지식은 자신의 기본 지식으로 발전하게 된다. 즉 해당지식이 필요한 순간이면 마치 누군가 나에게 이름을 물어보면 대답하는 정도의 당연함을 가지게 된다는 것이다. 결론적으로 공부란 **'중요한 것들 중에서 모르거나 아직 완벽하지 않은 상태의 지식들을 평탄화 작업과 그물망 작업을 통해서 완벽하게 기본지식으로 만드는' 과정을 의미하게 된다.** 단순히 오랜 시간을 책상 앞에 앉아서 모르는 것에 대한 고민으로 흘려보내는 것이 공부는 아니다.

물론 이 책의 목적은 이에 부응한다. 우리는 이 공부의 과정 속에 존재하는 수많은 비효율적인 과정을 제거하거나 줄여나가면서 진정한 의미의 '효율적이고 당연한 본연의 공부에 집중'해야만 하는 것이다.

11. 수학은 손으로 공부하여야 한다고 당신은 생각한다

⇨ 그렇지 않다. 쓰는 것은 한 번만으로 충분하다. 그 이후부터는 어려운 부분들을 위주로 손가락과 눈으로 수없이 복습하여야 수학을 잘 하게 된다.

저자는 시험 보는 시간을 제외하면, 최초의 단 한번을 제외하고는 손을 사용해 수학 문제를 풀어본 경험이 거의 없다. 일반적인 의미에서의 '수학문제를 풀어보는 행위'자체를 한 적이 거의 없었다는 말이다.

수학문제를 푸는 목적이 무엇인가? 해당 문제가 나왔을 때 맞을 수 있는 실력을 쌓는 것이 아닌가? 그렇다면 무조건 다 풀어보는 것 보다는 풀 수 있으면 답만 맞춰보고 바로 넘어가라. 풀 수 없다면 해당 답안지를 읽고 이해해보면서 이해가 되지 않거나 막상 시험 때 떠오르지 않을 것 같은 부분들을 체크해서 복습하라.

도대체 왜 풀 수 있는 문제를 풀어봐야 하는가? 풀 수 있는 문제라면 해설지를 보고 과정과 답을 확인하고 맞으면 그냥 넘어가도록 하라. 일일이 문제와 과정과 답을 쓰는 그 긴 시간이 아깝지도 않은가? 왜 풀 수 없는 문제를 풀려고 애써야만 하는가? 답안지를 하나하나 이해해 보면서 잘 모르겠는 부분들을 체크하라. 복습하기 편하도록 가능하면 오답노트에 혹은 저자가 정형화한 모람모람 노트식으로 해당문제를 옮겨 쓰도록 하라. 그리고 역순복습과 순환복습을 통해서 해당 부분이 나의 '기본지식'이 될 때까지 복습하고 또 복습하여라.

모르는 부분들은 주로 줄 단위로 체크하라. 줄을 치거나 걸쇠모양체크를 하고 옆에는 별표를 첨부하라. 가령 10번째 줄에서 11번째 줄로 넘어가는 과정이 이해가 되지 않는다면 11번째 줄을 기준으로 별표를 하나 써 넣고 해당부분에는 밑줄을 긋거나 걸쇠표시를 하라. 위에서 아래로 화살표를 써 넣도록 하라. 그 화살표 옆에 별표를 하라.

수학 과목에 대한 공부를 할 때, 무조건적으로 손을 통한 필기를 이용하지 않는 데에는 그에 합당한 이유가 존재한다. 30초의 법칙. 곧, 하나의 문제를 마주했을 때 30초 이내로 마주한 문제에 대한 해결 가능 여부를 판단하여 학습을 이어 나가는 것이다. 자신이 이미 알고 있는 유형이 이용된 문제는 풀 수 있는 문제이기 때문에 이에 대한 시간 투자는 낭비가 된다. 즉 이미 아는 문제를 굳이 손으로 풀어나가는 것은 비효율적이기 때문이다.

또한, 자신의 능력을 벗어난 범위에 놓인 문제의 경우 자신이 몰랐던 부분의 확인을 위해 해답지를 사용한다. 직접 문제를 이해해가면서 끊임없이 비효율적인 고민을 계속 해 나가는 것이 아니라, 해답지를 여러 번 빠르게 복습하며 공식 암기라든가 어려운 부분들을 이해는 되지 않더라도 외우면서 나가는 반복학습을 통해 실력을 향상시키는 것이다. 이러한 방식을 사용하게 되면 전통적인 방식의 문제를 푸는데 소요되는 시간은 현저하게 줄어드는 반면, 더 높은 효율성을 통해 긍정적인 결과를 낳는 공부를 하게 된다.

아무것도 모르는 상태에서 지겹게 문제만 푸는 것이 아니라, **복습을 통해 이해는 못하더라도 최소한 암기는 진도를 나가게 되는 것이다. 그리고 물론 계속적인 복습을 통해서 암기가 된 부분들은 대부분 결국 이해도 된다.** 비록 복습회수가 몇 번이 필요할지는 말할 수 없지만. 저자의 경우에는 최대 100번을 넘긴 적이 없었다고 고백한다.

여러 번 강조하지만 100번 그거 별거 아니다. 5번씩 20차로 복습하면 100번인 것이다. 모르는 부분 혹은 별표친 부분들만 게다가 연달아서 5회 정도 복습하는 데에는 많은 시간이 걸리지 않는다. 최초의 5번 혹은 10번을 넘기면 한 문제당 길어야 1분을 넘기지 않고 복습하게 된다. 전통적 방식으로 일일이 쓰면서 복습하는 것과 시간을 비교해보면 그 엄청난 효율성에 놀라게 될 것이다.

그리고 대부분의 어려운 것들은 10여번부터 이해되서 20회를 넘어서야 이해되는 것들은 드물었다. **굳이 비율로 표현하자면 20회 이내가 90퍼센트 50회 이내가 99퍼센트 100회가 나머지 1퍼센트에 해당된다.** 물론 이 비율에는 개인차가 심하게 존재할 것이라고 믿는다. 그래도 누구라도 50번을 넘어서 이해되기 시작하는 문제가 그리 많을 것이라고는 믿지 않는다.

틈틈이 공식을 써놓고 복습하여라. 가능하면 모람모람노트를 표준으로 사용하기를 권한다. 왼쪽 아래 부분은 관련 공식을 꼭 쓰고 오른쪽 아래에는 관련이 없더라도 잘 외어지지 않는 공식들을 적어 넣고 틈틈이 복습하도록 하라. **공식은 1000번을 어려운 문제는 100번을 쉬운 문제는 10번 혹은 0번을 복습하도록 하라.** 중복유형은 계속 지우도록 하라.

이 모든 것을 지키면서 **끊임없이 복습하고 또 복습하여라. 저자는 100번을 푼 문제도 부족함을 느끼곤 했다.** 당신이 얼마나 머리가 좋은지 모르겠지만 천재가 아닌 일반인이라면 어려운 문제들의 복습은 적어도 100번을 넘기도록 노력하라. 즉 이해가 되었다고 복습이 끝나는 것은 아니다. 비슷한 문제나 같은 유형 혹은 같은 공식을 사용하는 문제들끼리 연결되어야만 비로소 그물망작업이 끝나는 것이고 이 연결조차 복습을 통하여 자신이 있어질 때까지 무한 반복하는 느낌으로 임하여야 하는 것이다.

'12. 한번 이해한 지식은 평생을 간다. 고민한 지식도 그러하다'고 당신은 생각한다

⇨ 아니다 수없는 복습을 해도 툭하면 중요한 것들조차 잊어버리는 것이 인간의 숙명이다. 이해한다는 자체 또한 복습하지 않으면 잊히는 것이 자연의 법칙이다. 게다가 한 번에 복습을 많이 한다고 끝나는 것도 아니다. 꾸준히 조금씩 복습해야만 한다. 저자는 이를 '1년의 법칙' 혹은 '숙성의 법칙'이라고 부른다.

1만 시간의 법칙이라는 것이 있다. 한 분야의 전문가가 되려면 적어도 해당분야의 지식을 익히는데 1만 시간을 쏟아부어야 한다는 의미라고 한다. 저자는 이러한 원칙을 부정하지는 않지만 그것만으로는 부족하다고 생각한다. 즉 무턱대고 1만 시간을 최단기간내에 달성하는 것만으로는 해당분야의 전문가가 되는 것에 약간의 부족함이 존재한다고 생각한다. 따라서 이 원칙을 오마주하고 본인의 생각을 추가하여 감히 '1년의 법칙' 혹은 '숙성의 법칙'이라는 것을 주장하고자 하는 것이다.

물론 하나의 대상에 대하여 100번이상의 복습을 주장한다는 점은 변함이 없다. 그러면서도 따로 법칙이라는 이름으로 거창하게 1년 혹은 숙성이라는 이름을 붙인 이유는 다음과 같다.

한 분야에 대한 전문적 지식을 원한다면, 수많은 복습 이외에도 1년이라는 기간을 목표로 두고 구체적인 계획을 구상해라. 물론 여기서 1년이라는 기간은 꽤 긴 시간을 필요로 한다는 즉 '장기'적 기간이라는 뜻이다. 꼭 365일을 의미하는 것은 아니다. 원래 **복습에는 효율성을 유지하는 상한선이 존재하는 법이다.** 예를 들어 저자는 순간복습으로는 2~3회 역순복습으로는 4~6회 순환복습으로도 4~6회 정도의 표준반복회수를 지침으로 내걸고 있다.

이 이야기는 복습차수당 효율성을 유지하는 회수 미만이라면-예를 들어 1~2회- 원하는 복습의 효과가 나타나기 힘들고 반대로 그 회수 초과의 경우에는-예를 들어 6~10회- 효율성이 떨어지기 시작한다는 의미이다. 예를 들어 단 한 번에 어떤 단어를 평생 동안 외우고자 100번 복습을 첫날에 다 한다고 가정해보자.

이러한 경우에도 그 단어에 대한 기억이 평생을 갈 수 있겠는가? 단지 100번 복습을 해 보았자 이런 식으로 공부하면 예상되는 효과는 고작 10번 복습의 효과이상 나타나기 어렵다는 것이 저자의 주장인 것이다. 이런 경우 예를 들어 5번씩 나누어서 20일에 걸쳐서 혹은 망각곡선의 원리에 좀 더 충실하게 간격을 점차 벌려가면서 1년여에 걸쳐서 처음에는 하루 2차에는 3일 3차에는 6일 4차에는 보름 5차에는 1달 6차에는 2달 이런 식으로 대략 1년의 시간을 보내는 것이 즉 숙성시키는 것이 가장 효율적으로 해당단어를 자신의 것으로 체화하는 가장 효율적인 방식이라는 것이다.

즉 **한 번 한 번 복습할 때마다 복습회수의 상한이 존재하며 복습차수에 비하여 너무 빨리 복습해보았자 효율성이 떨어져서 원하는 익숙함을 얻기에는 모자란다는 뜻이다.**

숙성의 법칙이라고 이름붙인 이유도 이와 유사하다. 술이 익는 데에는 그 목적이나 용도에 따라서 수개월에서 수십년 때로는 수백 년이 걸리기도 한다. 이러한 기간을 단축하고자 끓여보았자 원하는 효과가 나오기는 할까? 마찬가지다. **어떤 지식이든지 우리 두뇌에 깊이 새겨지고 기본지식이 되기에는 필요한 최소한의 복습량이나 효율적인 복습방식은 물론 필요한 최소기간도 필히 존재한다는 것이다.**

따라서 200년이 지나야 맛있는 술을 1년 만에 만들려는 노력을 비웃어야 하는 것처럼 1년이 걸려야 어떤 지식이든 완벽하게 기본지식이 된다고 스스로를 끊임없이 설득하도록 하라. 인간의 두뇌는 컴퓨터처럼 기계가 아니다. 필요한 기간이 필요하다면 필요한 법이다. 무조건 쑤셔 넣어봤자 쓰레기 편린 조각이 될 뿐이다.

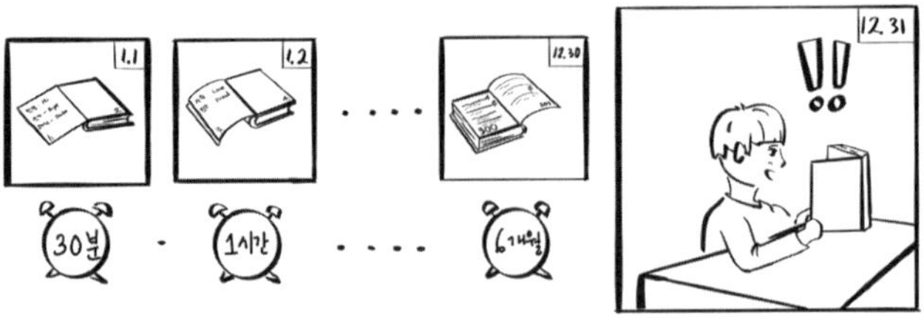

1년의 법칙

모람모람 공부법에서 강조하는 개념인 '평탄화 작업'과 '그물망 작업'을 잘 적용하면서 여유 있게 걸어야 할 길을 걷도록 하라. **편법으로 단축시키려 해 보았자 당길 수 있는 기간은 극히 미미하고 대가는 막대하다.**

전체적으로 효율성을 유지하는 것이 모든 공부의 기초자세이다. 부디 모람모람공부법이 제시하는 효율적 복습이라는 큰 틀 속에서 공부법의 원칙에 따라 신념을 가지고 복습하라. 그리하면 원하는 수준의 평생 지식을 만들 수 있을 것이다.

물론 1년이라는 상징적 숫자가 모두에게 동등하게 적용되는 것은 아니다. 각자 자신이 가진 능력치에 따라 혹은 기본지식의 정도에 따라서 혹은 목표의 높이에 따라서 적절한 기간은 유동적으로 바뀔 수 있다. 하지만, 상징적 기본 값은 1년이다. 최소 1년 이상은 자신이 원하는 지식을 얻기 위해 여유 있게 몰두해봐야 한다는 것이다.

13. 당신은 모르는 것 혹은 중요한 것을 형광펜이나 볼펜으로 줄친다

⇨ 안 된다. 지울 수 없는 볼펜이나 형광펜으로 줄치는 행위는 공부가 무엇인지를 모르는 무식한 행위일 뿐이다. 모든 줄은 지울 수 있는 샤프나 연필로 쳐야만 한다.

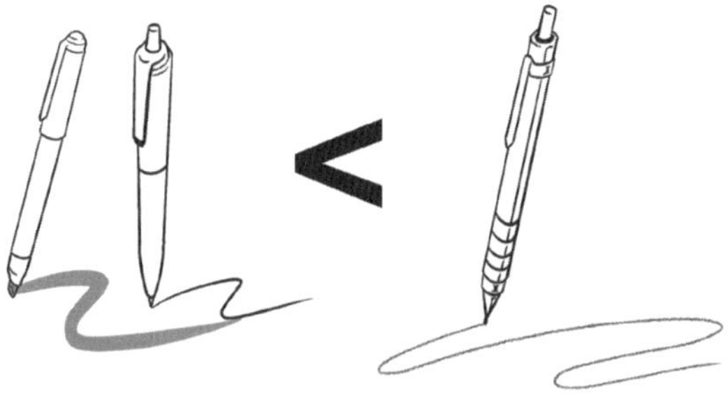

공부를 하는 많은 사람들이 형광펜이나 볼펜으로 줄을 치는 것은 너무도 만연한 현상이다. 하지만, 이 책에서 소개하는

공부법에서는 오로지 지워지는 연필이나 샤프로만 줄을 칠 것을 강조한다. 물론, 지워질 수 있는 펜은 예외이다. 대부분의 사람들은 지워지지 않는 필기구로 학습을 하며, 자신이 열심히 공부를 하고 있다는 착각을 한다.

이런 착각 혹은 착시현상은 왜 생기는 것일까? 일단 '최초효과'라고 할 만한 것이 있다. 특히 형광펜으로 줄치는 경우에 우리는 해당 지식이 머릿속으로 빨려들어오는 듯한 느낌을 겪는 경우가 많다. 이러한 '좋은 느낌'이 우리들로 하여금 오해하게 만드는 것이다. 이렇게 형광펜으로 줄치는 것이 매우 '효과적'인 공부법이라는 오해 말이다.

그러나 우리는 이러한 착각이 엄연한 한계를 가지고 있다는 사실을 잊지 마라. 즉 **두 번째만 되어도 형광펜으로 칠한 내용을 보는 것은 공부하는 우리에게 거의 어떤 느낌도 주지 못한다.** 눈에는 잘 뜨인다. 눈에 확 들어오는 시각적 효과는 무엇보다 분명하니 말이다. 그러나 그뿐이다. 눈에 잘 뜨이는데 머릿속에 들어오는 느낌은 없다. 단지 옆집처럼 '보이기만' 할 뿐이다. 즉 형광펜으로 줄치는 것은 단지 '최초'에만 효과가 있을 뿐이다. 두 번째부터는 오히려 더 효과가 없다는 것이다.

샤프로 표시한 경우에는 이와 반대다. 처음에 들어오는 느낌이 거의 없다. 그러나 두 번째부터는 다르다. 일단 눈에 잘 뜨이는 게 아니다 보니 찾는 것이 쉽지 않다. 그러다 보니 찾는 중에 내용을 생각할 여유가 생긴다. 형광펜으로 줄친 내용은 이러한 여유가 없다. 너무 눈에 잘 뜨이는 것이 공부에 방해가 된다니. 참으로 아이러니한 일이 아닌가?

물론 샤프로 줄 치는 가장 중요한 이유는 여러 번 복습해서 자신 있어진 내용을 지우는데 있다. 지식은 끊임없이 그 상태가 변화한다. 모르고 어렵다가 계속 복습하는 과정에서 쉬워지고 이해되고 암기가 되는 것이다. 그 이후에는 당연히 줄쳐진 것을 지워야 하는 것이다. 물론 **3중체크에서는 최대 2개만 지우자. 왜냐하면 그물망작업이 끝나기 위해서는 이해되거나 암기된 이후에도 복습이 필요하기 때문이다.**

잘 외워지는 상태가 되었을 때 혹은 실수로 줄친 것이라는 사실을 깨달았을 때 혹은 줄친 내용이 이미 다른 줄친 것들과 중복되었다는 것을 알아챘을 때 해당되는 줄을 '지울' 수가 있어야 하는 것이다. 이렇게 복습하면서 지우는 행위를 통해서 우리는 모람모람공부법의 핵심인 수없는 반복과 발맞출 수 있는 것이다.

두 번째 이야기

일반인인 나를 **전문가**로
평범한 내 아이를 **천재**로

1. 천재란 무엇인가?
일반인은 천재가 될 수 없나?

천재란 무엇인가? 보통 사람을 뛰어 넘는 이해력, 암기력 기타 특정 분야에서의 대단한 적응력 등의 눈에 띄는 특징을 가지는 사람을 말한다고 생각하는가? 그리고 이러한 여러 의미 속에는 '타고난'이란 접두어가 알게 모르게 따라 붙는다. 다시 말하면 일반인이 흉내를 낼 수 없기에 그런 사람을 천재라고 부른다. 비록 믿을 수 없는 일화이기는 하지만 살리에리는 모차르트를 따라잡을 수 없는 법이니까.

그러나 저자에게 천재란 이렇게 타고난 사람만을 의미하지 않는다. 왜냐하면 타고난 천재만을 의지하기에 인류의 미래는 너무나 암울하기 때문이다. 인류에게 닥쳐오는 수많은 고난은 이미 예견되어진지 오래되었다. 온난화, 인공지능의 발전에 따른 대량 해고 혹은 실업대란, 지구의 황폐화, 빙하기의 재래, 태양의 노쇠화 그리고 무엇보다 환경의 오염 등을 말함이다.

제목: 일반인을 전문가 혹은 천재로

이제 우리는 정교한 수제품을 뛰어넘는 명품까지도 공장을 통한 대량 생산에 도전해왔던 것처럼 천재들의 대량 생산을 바라마지 않는다. 미래는 일반인이 천재가 되어야 한다는 것에 저자는 나머지 일생을 걸고 있고 이미 이러한 천재들의 탄생에 거의 모든 일생을 바쳐 왔다. 교육이란 가까스로 일반인 수준의 교양 있는 시민을 양성하는 데에 그 궁극의 목적이 있어서는 안된다. **교육의 궁극적 목적은 일반인을 천재로 만드는 것이어야 한다.**

그렇다면 이런 천재는 고전적인 의미에서의 천재와는 당연히 구별되어야만 한다.

첫째 저자가 말하는 천재란 최소 한 분야에서의 전문가를 일컫는다. 즉 변호사 의사 등의 전문 직업군을 가리킴이다. 이들은 당연히 타고난 천재들을 포함하고 있지만 그리 다수는 아니다. 대부분은 숱하게 많은 노력과 타고난 재력 등으로 그들의 전문가로서의 위치까지 도달해왔다. 이러한 전문가 수준의 천재는 저자의 방식으로 당연히 일반인이 이를 수 있는 위치이다. 저자의 이론을 무시하지 말라. 최소 90프로의 인류는 적절한 노력만으로 현재의 이런 전문가의 최저수준은 가뿐히 뛰어넘을 테니.

둘째 저자가 말하는 천재란 2분야 이상에서의 전문가를

일컫는다. 많은 이들이 스티브 잡스를 천재라고 부르면서 특히나 그의 테크놀로지션으로서의 능력과 더불어 미학 등에 대한 지식과 이 두 종류의 지식의 융합을 그 천재로서의 유용성의 근원이라고 생각한다. 저자의 방식에 의하면 꽤 많은 일반인들 즉 어쩌면 반수 이상의 일반인도 최소한 2개 이상의 분야에서 전문가로서의 능력을 갖추게 될 수 있다. 더욱이 **모람모람공부법은 그 이론 자체에서 서로 배척되지 않는 2분야에서의 공부를 오히려 적극 권장하기도 한다.** 예를 들어 공부+음악, 공부+체육, 공부+미술 등이 그것이다. 이러한 2분야 이상에서의 전문지식은 당연히 해당 사람들을 현재의 기준에서 천재로 만들 수 있다.

천재란 그리 멀리 있는 존재가 아니다. 물론 저자의 방식이 미래에 주류가 되어 버린다면 그 때 천재의 의미도 다시 지금처럼 좁아질 수 있다. 그러나 **현재의 의미의 천재정도라면 얼마든지 저자의 모람모람공부법으로 이를 수 있는 현실적인 목표일 뿐이다.** 우리는 최소 한 분야에서의 전문가가 될 수 있으며 상당수가 2분야 이상에서도 현재의 기준으로는 천재 혹은 전문가가 될 수 있다. 넓게 잡아서 저자는 거의 모든 인류가 2분야 이상에서 천재가 될 수 있다는 것에 꽤 큰 돈을 걸 수도 있다. 천재를 무시하는 것이 아니다. 그러나 교육방식의 혁신은 그만큼 중요한 법이다.

2. 타고난 천재를 흉내내는 것은 무의미하다

'타고난' 천재는 '타고나는' 것이다. 즉 **타고난 천재를 모방하는 일반인은 마치 뱁새가 황새를 쫓아가는 것만큼이나 무의미한 행동을 하는 것이다.** 애초에 그릇이 다르고 방향성이 다르다. 마치 합성음료가 어줍잖게 천연음료의 가면을 쓰는 것이 무의미한 것과 유사하다.

대표적인 예가 바로 수학 등에서의 '이해'우선주의 혹은 '개념'우선주의다. 수학을 잘 하는 많은 소위 '선생'들이 어줍짢게 '이해'와 '개념'을 강조한다. 본인들이 그렇게 해서 성공했기 때문이다. 그들은 타고난 이해력을 가지고 있고 또 다수가 꽤 좋은 '암기'력도 보유하고 있다. 그래서 마치 일반인인 우리들도 그들처럼 '이해'와 '개념'만을 알면 그들이 그랬던 것 처럼 아주 어려운 문제까지 응용해서 풀기를 기대한다.

정말 어처구니 없는 일이다. 우리는 타이거 우즈 흉내를 낸다고 바로 300미터의 드라이버를 날릴 수 있기를 기대하지 않는다. 내 신장이 고작 165에 경직된 허리를 가지고 있다면 나는 결코 타이거 우즈의 폼을 흉내낼 수 없다. 엄밀히 이야기하자면 흉내낼 필요가 없다. 이는 상식이다. 마찬가지로 내 아이큐가 고작 100이 가까스로 넘는 수준인데 아이큐 150짜리가 하는 공부법을 따라한다고?

그런데 이러한 어처구니 없는 작태가 대한민국에서 아니 거의 전 세계에서 벌어지고 있는 것은 가히 '참상'이라고 할 만하다. **일반인들이 어려운 문제를 풀 수 있는 유일한 방식은 그러한 유형을 먼저 수없이 복습하고 또 복습해서 외우고 나서야 이해하는 방식이다.** '뭐, 개념을 제대로 몰라서 못 푼다고?' 무슨 말도 안되는 헛소리인가?

개념만으로 어려운 것을 풀 수 있는 사람이라면 애초에 어려운 문제로 끙끙대지도 않는다. 부디 어설프게 천재의 흉내를 내지 말도록 하라. 또 예를 들어볼까? 어떤 책에서는 고작 7번만에 어떤 책이라도 외울 수 있다고 주장한다. 또 어떤 책에서는 그나마 10번 만에 책을 암기할 수 있다고 주장한다.

오오 그렇게 책을 쓴 사람들은 혹시 사람이 모두 두뇌속에 컴퓨터라도 달고 다닌다고 생각하는가? 일반인들은 하늘이 두쪽이 나도 고작 10번만에 책을 다 암기할 수 없다. 이는 마치 지구가 둥글고 돌고 있다는 사실만큼이나 명료한 진실이다. 이런 거짓 수작에 놀아나지 말자. **우리 일반인들은 어쩌면 50번 어쩌면 100번 또 어쩌면 200번을 복습해야만 책 한 권을 내 것으로 만들 수 있다.** 그나마 모람모람공부법이 주장하는 대로, 복습의 정교하고 세련된 방식의 도움을 받아서, 쌓이는 복습회수에 비례하는 속도의 증가라는 도움을 받아서 100번을 채워야만 정말 가까스로 그 책을 내것으로 만들 수 있다.

부디 일반인들을 이런 말도 안 되는 사기극에 끌어들이지 말라. 당신들이 타고난 이해력과 암기력이 바로 일반인들에게 없는 가장 중요한 재능이다. 오히려 당신들이 친 덫에 빠져든 일반인들이 어설프게 당신들을 흉내내다가 절망하고 또 절망하여 아예 공부를 포기하는 회수가 도전하는 사람들의 인원수에 거의 근사하게 된다는 것이 그리 하찮은 것인가? 부디 **머리 좋은 소위 천재들은 영원히 공부법의 책을 쓰지 않도록 충고한다.** 아니면 제목에 아이큐 얼마 이하는 보지 말 것이라는 청불문구의 오마쥬를 장착하도록 하라.

마지막으로 다시 한 번 경고한다. **천재들을 흉내내지 말라. 일반인들이 천재를 흉내내는 것은 절망을 초래하고 시간의 낭비를 유도할 뿐이다.** 우리는 일반인들이고 그 일반인에게 어울리는 공부법으로 천재가 되어야만 한다. 어설프게 '천재놀음'에 속아 넘어가지 않도록 조심하자.

3. 목표를 확고하게 하자

당신은 한 분야에서 전문가가 되고 싶은가? 한 분야에서 천재가 되고 싶은가? 그렇다면 기본학문+1개분야의 전문가로의 지식에 모람모람공부법으로 투자하라. 필요한 기간과 필요한 시간을 묻고 싶은가? 아직은 데이터가 없다. 당신이 그 첫 번째 데이터일 수도 있다. 물론 기존 방식보다 비교할 수 없이 효율적인 것은 맞지만 현실은 현실이니까.

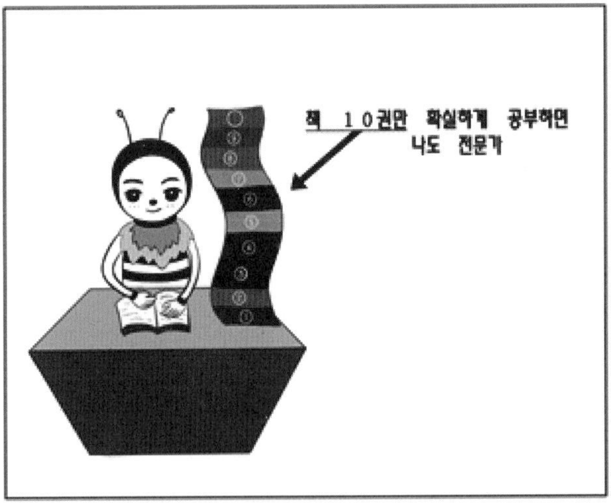

부족하고 부족하다. 임상실험의 데이터가 없다. 정확히는 부족한 것이 아니라 없다. 그래 '없다'. 단지 유일한 데이터는 저자뿐이다. 저자만의 경험뿐이다. 그러나 우리에게는 논리와 상상력이 있지 않은가? 그것을 믿어보라. 아침에 뜨는 해를 보면서도 우리는 태양이 지구를 돈다고 생각하지는 않는다. 우리의 논리력을 믿어보자.

자 한 과목의, 한 분야의 전문가 혹은 천재가 목표인가? **저자의 생각에 한 분야의 전문가라면 마땅히 10권의 전문서적을 내 것으로 만들면 된다고 생각한다.** 엄밀하게 말해서 11권일 수도 있고 9권이거나 3권일 수도 있다. 이런 디테일한 부분이 워낙 막연하기에 10권이라고 여겨보자. 보통 저자의 계산법에 따르자면 한권을 온전하게 내 것으로 만드는 데 필요한 기간은 최대 1년이다. 그런데 우스운 것은 2권이면 2년이 아니라 1년 6개월이라는 점이다. 물론 그 정확한 일수의 계산은 아니다. 상징적인 계산이거나 일종의 은유법이라고 생각하라.

왜 2번째 전문서적이 고작 6개월이냐고? 최초의 전문서적은 100퍼센트 모르겠지만 2번째부터는 기초가 있으니까. 혹은 이미 알고 있는 지식이 당연히 있을 테니까.

이런 식으로 10권이라면 아마도 최대 4~5년이면 한 분야의 전문가가 될 수 있다. 흔히 말하는 사법고시에 필요한 법 관련 책을 10권으로 본다면 이와 유사할 것이다. 여하튼 10권의 책을 100번의 복습으로 내 것으로 만드는 데 필요한 시간을 5년으로 잡자.

이 기간동안 우리는 모람모람식 공부법을 믿어야 한다. 어설프게 천재 흉내를 내기 보다는 100번의 복습을 통해서 원하는 지식을 내 것으로 만들어보자.

물론 당신이 좀더 욕심을 내어 2분야의 목표를 세울 수 있다. 그렇다면 필요기간은 2배가 된다고 생각하는가? 아니다 모든 지식은 서로 연결되어 있다. 그렇기에 결코 2배 걸리지는 않는다. 만약에 **미학과 전자기학처럼 완전히 대척점에 서**

있는 2 분야이기에 오래 걸릴 것이라고 생각하는가? 그렇지 않다. 이번에는 너무 대척점의 지식이라 두뇌의 다른 부분을 사용하기에 피로도가 높아지지 않는다. 따라서 여전히 2배의 시간보다는 훨씬 짧은 시간이 걸릴 뿐이다.

도전하라. 저자는 모든 인류가 최소 2분야의 전문지식을 목표로 삼는 미래를 꿈꾸고 있다. 2분야까지는 일반인에게 그리 대단한 목표가 아니라고 상상한다. 최대 10년의 필요기간은 누구나 일생을 걸어 볼만 하니까. 불행히 다시 말하지만 실증데이터가 부족하다. 당신은, 당신의 자녀는 그 첫 번째 도전자일 것이다. 두려운가? 그렇다면 스릴을 즐겨보자. 무서운가? 그렇다고 **당신 자신의 일생과 당신 자녀의 일생을 인공지능이 대체할 미래의 희생타겟으로 버려둘 것인가?**

당신의 목표를 최소 한 분야 가능하면 2분야 이상에서의 전문가로 확고하게 고정하라. 당신의 미래는 열려 있다. 다행히 실증데이터가 부족하다는 것이 '불가능'하다는 이야기는 아니니까.

4. 언어천재 만들기

저자가 생각하기에 **가장 쉬운 천재만들기의 대상은 바로 외국어이다**. 왜냐고? 어느 나라도 그 인구의 99퍼센트는 자국어를 매우 잘 말하고 이해하니까. 즉 따로 천재성이 필요하지는 않다는 반증이 아니겠는가?

초등학교도 졸업 못한 사람도 모국어는 잘 듣고 잘 말한다. 이 최소한의 지식의 기초를 몇 십년이나 교육받으면서도 제대로 흉내내지 못한다는 것은 그 공부법이 얼마나 원시적이고 한심한가에 대한 반증이 아닌가? 영어를 우리나라에서 교육하는 이 현실을 직시해보라. 많게는 20년 이상의 기간동안 매일 수시간을 투자하면서도 모국인을 만나는 순간 어정쩡하게 굳어버리는 소위 명문대생을 보라. 물론 저자 포함이다.

새로운 공부법이 필요한 너무나 당연한 이유 아닌가? 일단 **기존 교재부터 바꿔보자. n.1 방식의 듣기 말하기 교재부터 출발해보자.** 영어를 말하는데 필요한 많은 단어들을 외우는 대신에 문법을 흉내내고 지적하는 대신에 일단 듣고 말하는 것부터 제대로 출발해보자.

n.1방식의 듣기교재는 일단 완벽한 발음과 해당 문장의 완벽한 암기를 책임질 수 있다. 이런 문장이 1000문장이 되면 당신은 이미 현재의 교육법으로 대학교까지 공부한 사람보다 더 나을 것이라는 사실에 저자의 모든 것을 걸 수 있다.

시간도 얼마 걸리지 않는다. 기껏해야 1년 정도로 계산되니까. 물론 거기서 끝이 아니다. 완벽하게 외우는 것은 고작 '평탄화작업'이 끝난 단계이다. 이제 '그물망작업'을 시작해보자.

해당되는 단어가 나오는 순간 그 단어가 포함되는 다른 문장까지도 떠오르도록 복습하고 또 복습하라. 비슷한 의미의 단어가 떠오르도록 복습하고 또 복습하라. 반대말이 떠오르고 다시 그 반대말이 포함되는 문장이 떠오르도록 복습하고 또 복습하라.

이렇게 1000문장밖에 되지 않더라도 그 해당 문장들이 단어 하나, 특징 하나로 몽땅 얇은 거미줄로 칭칭 감기듯이 연결되도록 복습하고 또 복습하라. 새로운 스프레드쉬트를 만들도록 하라. 샘플들은 저자가 틈틈이 만들고 있으며 조만간 이런 작업의 결과물도 올리도록 하겠다.

꼭 필요한 문장이 1000문장일지 혹은 그보다 적을지 많을지 데이터가 부족하다. 당신이 첫 번째 데이터이다. 그러나 명심하라. 우리에게는 논리력과 상상력이 있지 않은가? 저자는 옳다. 정확히는 저자가 주장하는 거의 대부분의 논리가 옳다. 그러하니 같이 데이터를 만들어보자.

우리의 향하는 방향의 끝에는 여러 분야의 찬란한 천재들이 당연히 존재한다. 그리고 아마도 그 첫 번째 결과물에는 어학의 천재가 위치할 가능성이 가장 크다.

5. 수학 혹은 과학에서의 천재만들기

수학 혹은 과학에서의 천재는 타고난 사람만이 가능한가? 이것이 저자의 첫 번째 의문이었다. 그리고 그에 대한 대답은 당연히 '그렇지 않다'이다.

타고난 천재를 비하하는 것이 아니다. 반대로 일반인이 천재처럼 될 수 있다는 가능성에 일생을 올인한 저자의 입장에서는 '일반인의 천재화'의 방식을 궁구해온 것은 피할 수 없는 숙명 같은 것이다.

단 **첫째도 둘째도 천재흉내를 내는 것은 의미가 없다. 즉 여러 번 말하다시피 '개념' 이나 '이해'를 강조하는 그런 어설픈 천재놀음을 비웃을 뿐이다.**

심지어 저자는 소위 유명한 수학강사가 '완벽하게 이해한다면 단 한번의 경험만으로도 일생동안 그 깨달음이 지속될 수 있다'는 헛소리를 들었던 적도 있음을 밝혀둔다. **일반인들에게는 완벽한 정도가 아니라 완벽하고 완벽해서 그 이상 완벽할 수 없을 정도로 완벽한 이해라 할지라도 수 많은 복습이 없으면 언젠가는 당연히 잊혀질 수많은 지식중의 일부일 뿐임을 강조하고 또 강조할 뿐이다.**

일반인이 천재처럼 될 수 있는 첫 번째 걸음이 바로 이것이다. 본인이 '결코' 또 '확실히' 천재가 아니라는 것을 인정하고 천재의 길이 아니라 '일반인'으로서의 길을 가겠다는 결심이 그것이다.

그리고 **그 길은 '수많은 복습' 그러나 '최대한의 효율적인 방식'을 통한 시간의 단축이라는 특징을 가지고 있어야만 한다.** 그렇지 않으면 너무나 오래 걸리거나 아예 불가능한 목표가 되어버려서 끝내 좌절하고 체념하고 포기해버리게 되는 것일 뿐이다.

구체적으로 수학이나 과학에서의 천재가 되고 싶은가? 그런데 **당신은 확실히 타고난 천재가 아닌 것인가? 그렇다면 '이해' 대신에 '암기'를 먼저 하라.** '개념'대신에 '복습'을 당신의 목표로 삼도록 하라. 이해가 되지 않는 것은 당연한 것이다. 그러나 암기는 당신이 가질 수 있는 옵션 중에 당연히 존재한다. 암기력이 없다고 걱정할 필요는 없다. 100번을 복습하고 부족하면 200번을 복습하라. 비록 이해는 못 해도 '암기'는 가능하다. **암기는 복습의 필연적인 자식이니까.**

복습의 기간을 지키는데 있어서 그리 정교하게 에빙하우스의 망각곡선을 완벽하게 지킬 필요까지는 없다. 단지 적당히 지키도록 노력하는 것이 추천하는 선택지이기는 하다. 그러나 중요한 것은 하나다. 복습하고 또 복습하라. 지우고 또 지워라. 평탄화를 완성하고 그물망을 완성하라.

다행히도 평탄화와 그물망작업은 굳이 당신의 아이큐를 필수적인 필요조건으로 삼지 않는다. 약간의 인내심과 확고한 믿음만 있다면 당신은 분명 수학 과학의 분야에서 일정부분 천재처럼 변화될 수 있다.

다행히도 샘플은 존재한다. 19단을 외운 인도인들이 그 예이고 또 주판을 수없이 사용해서 몇십자리까지 암산하는 수많은 선조들과 친우들이 그것이다. 이 정도면 믿을 만하지 않은가? 물론 여전히 데이터는 부족하다. 당신이 혹은 당신의 자녀가 그 첫 데이터일수 있다.

6. 많이 쉬고 많이 자고 많이 뛰어야 한다

저자는 고3생활동안 일생에서 가장 많이 자고 적절하게 운동을 했다. 하루하루를 최선을 다해서 산 것은 분명하지만 그 생활 속에서 단 한 번도 공부시간의 최대화를 목표로 삼은 적은 없다. **적절한 공부시간, 충분한 휴식, 적절한 운동과 스트레스가 너무 쌓이지 않도록 하는 최소한의 취미생활이 그 당시 저자를 지배한 생활수칙이었다.**

하루하루 무조건 공부시간을 늘리려는 현재의 하찮은 새대들에게 경고한다. 그대들은 참으로 한심하고 또 한심하다. 최선이란 '지혜'로와야 그 값어치를 하는 법이다. **졸린 눈을 비비면서 새벽 2시까지 공부하는 것은 '우둔한 발버둥'일 뿐이다. 단지 우둔한 게으름보다 살짝 나을 뿐이다.**

수험생은 마치 다이어터와 같다. 무조건 살을 빼려고 균형적인 식단을 제대로 유지하지 않고 오로지 살만 뺀다면 이 얼마나 위험한 행동인가? 다이어트의 대가가 목숨이 될 수도 있는 것이다. 마찬가지다. 고3이라고, 공시생이라고, 고시준비생이라고 균형잡힌 생활을 하지 않는다면 이 얼마나 위험천만한 행동인가? 최선을 다하고 싶다고? **최소한의 기본전제조건도 최선을 다해서 지키도록 하라. 그것이 바로 '균형'이다.**

따라서 **예습과 복습의 균형, 그리고 빠른 리듬과 느린 리듬의 균형 못지않게 운동과 수면과 학습사이의 균형도 지키도록 하라. 이 3가지 균형이 저자가 주장하는 공부에 관련된 균형들이다.** 예습과 복습의 균형을 무너뜨리면 공부는 남는

게 없는 허울만이 되거나 심각한 우울증을 수반하게 된다. 빠른 리듬과 느린 리듬의 균형을 제대로 맞추지 않으면 형편없는 효율성을 가지게 되거나 자신의 감정조차 통제 못 하는 못난 인격이 남을 수 있다. 마찬가지로 운동과 수면과 공부의 균형을 맞추지 못한다면 공부시간은 많았는데 그 결과가 영 신통하지 않을뿐더러 건강마저 망가진 한심한 인간만이 결과로서 남을 뿐이다.

따라서 균형을 지켜라. 최선을 다 하되 '균형을 지키는 것'에도 최선의 한 자락은 반듯이 올려두도록 하라.

7. 호기심을 경시하지 말자

분서갱유의 시절에도 학문을 추구하던 학자들과 몰래 숨어서 학문을 배우던 학동들이 있었다. 중세 암흑시대에도 종교가 아니라 과학을 추구하던 괴짜들은 여전히 존재했다. 과거 독재의 엄혹한 시절에도 민중의 시점에서 합리적인 대안을 연구하던 학자들이 있었다. 일제침략하의 끔찍한 시절에도 우리말 우리 역사에 관심을 끊지 못했던 선구자들은 여전히 존재했다.

공부를 호기심과 동떨어진 출세의 수단이나 자랑의 하수인으로 여기는 모든 사람들에게 엄중히 경고하는 바이다. **공부의 근본 원동력은 '호기심'이다**. 물론 이를 지나치게 과장해서 인체실험을 일삼던 나찌를 숭상하고자 함은 아니다. 그러나 최소한의 호기심조차 무시하면서 공부만을 강조하는 현실을 보라. 얼마나 참혹한가?

우선 현재 모르는 문제는 바로바로 해결되어져야 한다는 잘못된 사상이 진리처럼 떠받들어진다. 돈 좀 있는 집에서는 이를 해결하고자 사교육을 장려하고 있다. 아이가 모르는 것을 물었을 때 이를 대답해주는 부모의 역할이 강조되고 또 강조된다. **배우지 못했거나 무식한 부모들은 혹은 바쁜 부모들은 매국노처럼 움츠려들게 만드는 현실을 보라. 그 죄악감은 사교육을 더욱 부추킨다.** 부모가 못하면 학원강사라도 혹은 과외선생이라도 실력있는 사람을 써야 한다는 것이다.

수학문제는 반드시 즉시 이해되어져야 한다. 본인의 힘으로 되지 않으면 경제력을 쏟아 부어서라도 이는 해결되어져야만 한다. 그러면서도 동시에 어떤 강사들은 고민하고 또 고민해서 기어코 이해되어야만 한다고도 강조한다. 이율배반적이거나 아이러니의 극치이다.

이해되어지지 않는 문제는 저주가 아니다. 선생이 부모 대신 꼭 해결해야 할 필연적인 과제도 아니다. 그렇다. 오히려 '축복'이다. 이 축복을 올바르게 즐기는 과정을 말해 주겠다. 바로 해결하려고 하지 말라. 수없이 잠깐씩 고민하면서 먼저 외우도록 하라. **외우려고 하다가 이해되는 것이 절반이다. 가능하면 이해되지 않도록 조심하라. 진심이다.** 이해가 되지 않아야 호기심은 유지된다. 그리고 호기심은 즐거움이다. 물론 지나치게 하나에 몰입해서 고민하지 말도록 하라. 궁금증이 단 하나여야만 한다는 절대 명제라도 존재하는가? 리스트를 10여개 혹은 그 이상 유지하도록 하라. **얼마나 멋진가? 계속 궁금해할 사항들이 10개 혹은 20개나 존재한다는 사실이.** 하루하루가 재미있게 될 것이다. 호기심을 즐기는 것과 모르는 것을 궁금해하는 것은 동의어다. 몰라야 하루가 재미있는 것이다. 관점을 바꾸도록 하라.

부모들이 반드시 유식해서 자녀들의 문제나 의문점들을 해결해야 한다고 생각하는가? 아니다. 부모들은 무식해도 된다. 단 하나 궁금해하는 자식들에게 **궁금증을 억지로 해소하기 보다는 그 즐거움을 느끼면서 복습을 계속하는 중에 그 지겨움을 잘 인내하는 법과 호기심을 유지하는 법을 가르치도록 하라.** 궁금증 리스트를 만들도록 장려하라. 호기심 리스트가 존재하는 한 복습은 그나마 지루해지지 않는다.

어설프게 이해해서 궁금증만 사라지고 복습을 하는 요인을 없애버리는 것이 '미덕'이 되는 이 못난 현실을 속히 바꾸도록 하자. 모르는 것들의 리스트가 대략 10개정도는 유지되도록 하자. 가능하면 20여개가 좋다. 이 리스트는 당신의 자녀가 그리고 당신이 끊임없이 복습하도록, 또 당신의 복습이 재미없지는 않도록 만들어주는 거의 유일한 방법이다.

모른다는 사실은 그리고 이 모름을 즐길 수 있는 여유는 '미덕'이다. 당신이 보자마자 모든 것을 알 수 없는 것이 당신으로 하여금 공부하도록 만들어주는 인생의 엔진이요 동력원이라는 사실을 자각하도록 하라. 호기심을 소중히 여기고 호기심을 숭배하라. **호기심은 인류발전의 원동력이었고 앞으로도 그러할 것이다. 그리고 당신 개인으로 보자면 공부의 근본적인 연료이기도 하다.** 출세욕은 동기는 될지언정 연료는 아니다. 마치 **출세욕과 호기심은 자동차의 키와 휘발유의 관계와 같은 것이다.**

8. 만들어진 천재를 무시하지 말라

천재는 반드시 타고나야만 하는가? 그렇지 않다. 우리 모두는 갈릴레오나 레오나르도 다빈치가 아니다. 그러나 우리는 수많은 전문가들을 알고 있다. 변호사들 의사들 과학자들 그 대다수는 타고난 천재가 아니다. 단지 교육되어진 것이다. 그렇다. 이 수많은 전문가들이 모두 타고난 천재일 필요도 없다.그리고 이러한 전문가들은 인공지능으로 대체할 수 없는 천재집단이자 전문가 집단의 일원이기도 하다. 저자에게는 '전문가=천재'의 공식이 성립한다. 굳이 인구비례롤 이야기하자면 3퍼센트 정도라고 생각한다. 그러나 물론 이러한 비율은 유동적이다. 저자의 방식 즉 모람모람공부법이 일반적이 되는 미래에는 이 비율이 현재기준으로는 90프로 이상이 될 것이라고 믿기에 더욱 그러하다.

한 분야의 전문가 이상을 천재라고 여기는 저자에게 이 천재집단 혹은 전문가집단은 매우 중요한 의미를 가진다. 타고난 천재는 어쩌면 인류의 1퍼센트이거나 0.0001퍼센트일 수 있다. 극단적으로 70억분의 1이거나 70억분의 10일 수도 있다. 그러나 이러한 비율은 의미가 없다고 생각한다. 왜냐하면 걱정해 보았자 일반인들이 끼어들 여지가 없으니까.

최소한 고민하려면 고민의 결과로 무엇인가 변화를 일으킬 가능성이 있는 것들이 그 대상이 되어야 하지 않겠는가? 따라서 전통적 의미에서의 타고난 천재들은 굳이 저자가 언급할 가치가 없다. 그 분야에서 저자는 결코 전문가가 아니다. 그들을 이해할 수도 없거니와 흉내낼 수도 없고 더욱이 그들의 비율을 조절하거나 육성할 수도 없기 때문이다.

저자의 관심은 오로지 일반일들을 현재의 기준에서의 전문가수준으로 만드는 것에 있다. 이른바 만들어진 천재에 대한 것만이 저자의 관심대상이다. 이들의 역할도 타고난 천재 못지 않게 중요하다. 아인쉬타인이 원자폭탄의 발명에 근간을 제공했다지만 막상 이를 현실화한 데에는 수많은 전문가가 관여했다. 뉴튼이나 라이프니찌가 적분개념을 만들었지만 이를 이용하여 현대 수학과 물리학을 완성하는 데에는 이름조차 기억나지 않는 수많은 수학자와 과학자들이 관여했다.

이러한 많은 학자들중에 타고난 천재가 몇 퍼센트이고 길러진 천재가 몇 퍼센트인지는 중요하지 않다. 앞으로 우리 인류에게 닥칠 디스토피아의 우울한 요인들을 제거하는데 필요한 천재들 혹은 전문가들 중에서도 마찬가지다. 그들 중 몇 퍼센트가 타고난 천재인가가 중요한 것이 아니다. **길러진 천재도 매우 중요하다.** 그리고 게다가 이 천재들은 '만들어질 수 있다'. 그리고 그 숫자가 늘어나면 반드시 유토피아의 미래가 다가올 가능성은 올라간다. 저자는 **극히 소수가 만들어 낼 유토피아의 확률보다는 가능하면 더 많은 다수가 만들어 낼 수 있을 '희망의 미래의 확률'이 조금이라도 더 높다는 데에 기대를 한다.** 아무래도 과점이나 독점형태보다야 완전경쟁시장 경제체제가 조금이라도 더 낫지 않겠는가?

9. 인공지능이 대신할 미래는 오히려 유토피아다

그리스의 아테네를 보라. 그 융성했던 문화들과 민주적인 사회 분위기를 보라. 그러나 엄밀한 의미에서 아테네를 민주주의의 요람이라고만 볼 수 없었던 이유는 알다시피 수많은 노예의 존재가 크나큰 흠결이었기 때문이라고 할 수 있다. 그런데 동시에 아이러니하게도 이 노예제도가 바로 그리스 민주주의의 밑바탕이었다는 사실도 우리는 부정할 수 없다. 그 노예들이 단순하고 지루한 여러 가지 생활필수직을 수행했기에 나머지 '시민'들이 창조적이고 발전적인 일들에 자신의 재능을 투자할 수 있었던 것이다.

이제 현재로 와 보자. 인류는 그리스시대와는 달리 인공지능의 도전을 받고 있다. 인류에게 인공지능이 미래를 밝히는 희망이자 동시에 디스토피아로 이끄는 촉매처럼 여겨지고 있다. 수많은 일용직 혹은 단순직 노동자들은 지치지 않는, 그리고 앞으로는 매우 저렴하게 될 인공지능과 기계들에게 일자리를 위협받고 있다. 심지어 일부 의학이나 법학의 일자리조차 위협하고 있는 것이 인공지능이다.

이 두 가지 사실을 하나로 합쳐보자. 그리고 저자의 모람모람공부법도 새로운 요인으로 이 현실에 대입해보자. **인공지능과 기계들이 그리스 아테네의 노예역할을 하도록 하자. 인류는 공부방식의 혁신을 통해서 기계와 인공지능이 대체할 수 없는 보다 전문적이고 창의적인 일에 집중하도록 하자.**

기계와 인공지능의 기본권리에 대한 문제는 나중으로 미루자. 이들을 아테네의 노예로 치환하자. 인류는 좀 더 창조적인 일에 매진하도록 하자. 기계와 인공지능은 단순노무직의 즉 노예로서의 삶을 살고 우리 인류는 창조적이고 전문적인 일에 종사하는 새로운 의미의 그리스 아테네를 그려보자. 우리에게 닥쳐올 미래가 이와 같다면 우리인류의 미래는 결코 디스토피아 따위가 아니다.

환경재앙이 걱정되는가? 천재로서의 혹은 해당 분야의 전문가로서의 인력을 이 분야에 집중시켜서 연구하도록 하자. 빙하기가 걱정되거나 태양의 수명이 걱정되는가? 인류의 다른 행성으로의 이주만이 해법이 되는가? 좀 더 많은 인류를 이 분야에 종사하도록 하자.

단순하고 인공지능으로 충분히 대체되어지는 분야에 대해서는 조속히 빠른 시간 내에 구조조정이 이루어지도록 하자. **인류를 재교육하여 많은 비율의 단순직 종사자들을 하루속히 창조적 분야로 이직하도록 공부시스템을 완비하도록 하자. 모람모람공부법은 정확히는 교육학의 분야가 아니라 '공부학'의 분야다. 다시 말해서 정부나 교육기관은 개인 스스로가 필요한 부분의 공부할 수 있는 데이터나 교재를 만드는 것에 집중하고 개인들이 공부하도록 환경을 잘 갖추는 것에 집중하자.**

교육학은 이 양방향교통의 시대와 IT시대에 어울리는 학문이 아니다. 교육학의 시대는 끝났다. 시대의 소임을 다 했고 그 수명을 연장할 이유는 전혀 없다. 이제 '공부학'의 시대이다. 인공지능은 인간을 대체하는 대체인력이기도 하지만 동시에 개인 개인들이 필요로 하는 내용을 공부할 충분한 자료를 제공할 수 있는 데이터들의 근원이기도 하다.

공부학을 더욱 발전시키자. 물론 모람모람공부법은 비록 새로운 시대를 알리는 효시가 될 수 있을 지언정 부족한 데이터로 인해서 그 완결판이 될 수는 없을 것이다. 많은 인류의 도움과 특히 수많은 데이터들이 필요하다. 지구인 모두가 새로운 시대, 새로운 공부법의 자발적 실험물이 되도록 하자. 그리고 인공지능과 인터넷과 기타 IT기술들은 훌륭한 교재들의 보고가 넷 상에 존재하도록 하는 기반 기술과 환경을 제공할 수 있다. **우리의 미래는 이렇게 발전된 인공지능의 도움으로 마치 예전 융성한 그리스의 아테네시절처럼 아름다운 유토피아가 될 수 있고 또 그리 되어야만 한다.**

10. 내 아이는 미래의 스티브 잡스 현재의 일론 머스크

내 아이가 천재가 아니라고? 누가 그러던가? 물론 대부분은 타고난 천재는 아닐 것이다. 그러나 길러지는 천재가 될 수는 있지 않을까? **길러지는 천재조차 불가능하다고 누가 감히 말할 수 있는가?**

저자에게 천재란 일생동안 한 분야에서 10권 이상의 책을 암기하고 이해하는 사람이다. 열권의 책을 완벽하게 자신의 것으로 만드는 데 3년 혹은 4년이 걸릴 수도 있다. 어쩌면 5년이나 6년일 수도 있다. 그 기간이 그렇다고 10년이 넘거나 그렇지는 않다. 단지 선행조건이 필요하다. 현재를 지배하는 이 형편없는 공부법만은 바꾸도록 하자.

현재의 공부법이 무엇이냐고? '이해'만을 강조하는 공부법이다. '흐름'을 강조한다. '개념'을 강조한다. '공부시간'에 노력의 기준을 둔다. '졸려도' 공부하라고 부추킨다. '형식'적인 올바름을 매우 강조한다. 선생님은 '존경'의 절대적인 대상이라고 노래한다. '쓰는 것'은 공부 특히 수학 등에 필수불가결한 공부법이라고 가르친다. '기초부터' 공부하는 것이 공부의 피할 수 없는 단계라고 주장한다. '천재를 따라해야' 천재처럼 된다고 거짓선동한다. 고작 '한 번' 혹은 기껏해야 '7번' 혹은 많아야 '10번'이면 책 한권을 외우고 이해할 수 있다고 거짓을 속삭인다. '수학'은 이해의 과목이라 '암기'하면 절대로 안된다고 선언한다.

모람모람공부법의 지침은 위와 정반대이다. 이해 뿐 아니라 '암기'도 공부의 중요한 한 축이라고 주장한다. 흐름은 시험 전날에 알아도 충분하며 개별적이고 '헷갈리기 쉬운 지식 하나하나를 완벽하게 외우는 것'이 공부라고 주장한다. 개념 따위는 천재놀음의 일부이며 '한 문제 한 문제' 어려운 문제들을 암기하고 이해하는 것이 제대로된 일반인들의 공부법이라고 주장한다. 공부시간보다는 그 '품질'이 중요하다고 주장한다. 따라서 졸릴 때는 수면을 취하고 절대로 '정신이 맑을 때' 공부하라고 가르친다.

형식적인 것보다는 '내용'이 중요하다고 가르친다. 선생님을 존경하는 것과 선생님이 잘 가르치는 것은 '별개'의 문제라고 생각한다. 쓰는 것 보다는 약간의 여유를 가지고 '입술이나 샤프의 뒷뚜껑 혹은 손가락'으로 공부하기를 추천한다. 물론 이 방침은 수학에도 유용하다. 기초보다는 오히려 '아주 어려운' 문제부터 공부하기를 추천한다. 왜냐하면 어려운 부분일수록 좀 더 많은 복습회수를 필요로 하기 때문이며 이 많은 시간이 필요한 부분부터 충분히 필요한만큼 복습을 하려

면 일찍 시작해야 하기 때문이다. 천재를 따라 하는 것보다는 '일반인을 위한' 공부법을 따르도록 권장한다. 책 한권을 내 것으로 만들기 위해서는 '100번 이상'의 복습이 필요하다고 주장한다. 수학도 '암기'의 과목으로서 받아들여야 일반인들 조차 수학을 잘 할 수 있다고 주장한다.

일반인에게는 일반인의 길이 있다. 우리는 불행히도 '머글'들일 뿐이다. 우리는 소서러도 위저드도 아니다. 우리는 천재도 아니다. 그렇다고 우리가 평범하게 살고 그렇게 죽어야만 하는 것은 아니다. 모람모람공부법의 방식을 잘 따라서 '만들어지는' 즉 '후천적인' 천재로 살다 죽을 수는 있다. **인공지능에 일자리를 빼앗기는 그런 단순노무직이 아니라 소위 전문직 종사자로 떳떳하게 살다 죽을 수 있다는 이야기다.** 우리의 자녀들은 더욱 그러하다. 어릴 때부터 천재들에게 속지 않도록 교육하라. 일반인이지만 현명하게 잘 살도록 교육하라. 그 첫 번째 단계가 자신이 일반인이라는 사실은 자각하고 인정하여 '일반인'으로서 최선을 다 하는 것이다. 그리고 그들이 택할 수 있는 유일한 가능성 있는 방식이 '모람모람공부법'인 것이다.

에필로그

그대가 있기에 희망을 노래한다

저자는 늘 생각해왔다. 나 자신의 이런 이상한 공부법은 나만이 지구상에서 오직 저자만이 적용가능한지도 모른다고. 그러나 수많은 시행착오와 이론정립에 30여년의 세월을 보낸 후에 마침내 그렇지 않다는 것에 확신을 가지게 되었다. 지구는 그래도 돈다고 생각했던 갈릴레오처럼 **보편적 진실은 대다수의 반대에도 불구하고 결국 제 위치를 찾게 마련이니까.**

그래도 저자는 아직 외롭다. 아주 많이. 그러나 지구상에서 그리고 우리 대한민국에서 이 글을 보는 이가 단 한명이라도 존재한다면 그리고 그 진지함만은 진짜라고 한다면 그리고 이 글의 내용을 납득한다면 그래서 마침내 자신이 맹신해왔던 보수적인 공부법을 내려놓고 잠시라도 진지한 마음으로 이 공부법을 실험해본다면 그리고 그리고 조금씩이라도 이 공부법의 효율성이 그의 마음을 설득할 수 있다면 그렇다면 그럴 수 있다면.

그렇다면 저자는 더 이상 혼자가 아니다. 그래서 확신한다. 그러할 수 있는 그대가 단 한명이라도 있다면 이제 앞으로 저자는 외롭지 않을 것이다. 왜냐하면 이러한 종류의 진실은 결국 퍼지는 본연의 성질을 갖는 것이기에. 그대는 분명히 자신의 친구와 자신의 친족에게 이 이론의 당연함과 효율성을 전파할 것이고 또 누군가는 그 진실의 무게를 이기지 못해서 마침내 그에게 설득당할 것이고 또 자신도 어느 순간 이 논리의 전도에 앞장서는 용감하고 똑똑한 설교자가 될 것이기에.

이 논리는 결국 대한민국에 그리고 인류에게 희망이 될 것이다. 인공지능은 인간들의 일자리를 위협하고 있고 환경오염과 지구온난화 그리고 동시에 언젠가 도래할 빙하기의 존재는 인류의 존망을 위협하고 있다. 그러나 저자의 주장이 진실이라면 또 그렇기에 이러한 주장이 진실의 파편 아니 그 파편의 끝조각이라도 스치기라도 할 수 있다면 우리는 구원의 실마리를 잡은 셈이다.

저자는 당면한 문제들을 해결할 지식을 가진 수많은 천재들이 이 논리의 바탕위에서 탄생하기를 기대한다. 이 방식이라면 현재기준으로의 한 두 분야에서의 천재는 그리 어렵지 않기 때문이다. 수많은 스티브 잡스와 수많은 정약용과 수많은 세종대왕이 대한민국에 그리고 지구촌에 탄생하는 그 날이 저자의 꿈이 실현되는 바로 그 날이다.

저자는 인간의 마지막 보루인 희망 그리고 상상력에 기대어 이 에필로그를 쓰고 있다. 분명 저자에게는 70억인구중에 단 한명이지만 저자의 말을 믿는 그대가 존재하게 될 것이고 저자의 이상형으로서 강력한 의지와 현명한 판단력을 가진 그대는 충분히 저자에게 위로를 전해줄테니.

이제 그대와 나는 같이 걷고 같이 향할 것이다. 인류의 미래는 더 이른 시일 내에 구원받을 것이다. 마침내 나도 당신도 그리고 우리의 후손도 구원받게 될 것이다. 인류의 끝은 결코 멸망이 아니라 전진이며 발전이며 확장이고 그리고 희망이 될 것이다.

2021년 4월

우주 끝 부분 태양계 내 지구행성
대한민국의 어느 아파트 내 조그만 나의 서재라 명명하지만
별 볼일 없는 초라한 방에서

부록

모람모람공부법의 필수용어정리

역순복습

역순복습이란 진도를 나가면서 모르는 것을 골라서 옆이나 아래 혹은 위에 줄치기 혹은 걸쇠모양체크 그리고 브이자체크나 별표그려넣기 등의 3중체크를 한 후 위쪽으로 좀 전에 공부한 어려운 것들을 진도반대방향으로 총 5개정도 복습하는 것을 의미한다. 역순복습을 하는 이유는 바로 읽은 내용들을 익숙하게 만들기 위한 간단하고 효율적인 방식이기 때문이다.

바로 듣고 설명을 이해하지 못하는 사람들을 위해서 구체적으로 설명을 하자면 모르는 것을 체크한 후 그 해당번호가 – 물론 번호를 정해져있다거나 써 넣으라는 이야기는 아니다. - 가령 27번이라면 좀 전에 체크한 26번, 25번, 24번, 23번까지를 복습하라는 것이다. 즉 **순서를 거꾸로 거슬러 올라가면서 바로 최근에 공부한 그리고 체크한 내용을 복습하고 다시 그 이전에 체크한 내용을 복습하는 식으로 거슬러 올라가면서 복습하라는 것이다.**

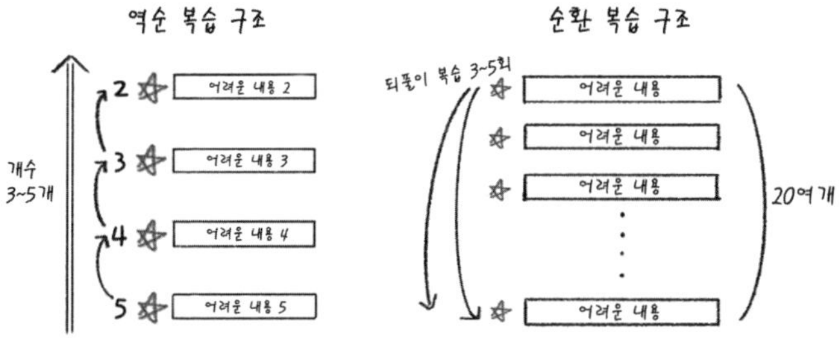

여기서 순서가 헷갈려서 내리순서로 하는 것보다 거꾸로 하는 것이 망각곡선의 원리에도 부합하는 것이 된다는 점은 따져보면 바로 이해할 수 있을 것이다. 가장 최근에 복습한 것은 아직 한 번만 본 것이라서 바로 복습해야 하고 그 이전 내용은 2번 복습한 것이라 좀 더 간격을 두고 복습하고 그 이전 내용은 3번 복습한 것이라 더 간격을 띄우고 복습하고 이런 식으로 총 5개를 복습회수에 따라서 더 떨어뜨려서 복습하라는 것이다.

5개로 표준을 정한 이유는 다음과 같다. 너무 많이 10개씩 거슬러 올라간다면 그 지루함과 또한 속도의 느림으로 인한 호기심의 상실을 이야기할 수밖에는 없기 때문이다. 미루어 짐작이 되지 않는다면 직접 실행해보라. 얼마나 지루하고 힘빠지는 공부가 되는 지를 확인하는 데에는 아마도 몇 분 걸리지도 않을 것이다.

반대로 2개 혹은 3개만 복습한다면 속도도 빠르고 지루하지는 않겠지만 무언가 머릿속에 남는다는 느낌이 없어지는 것이다. 즉 고작 2~3회 복습정도는 기대하는 최저수준의 인상을 줄 수 없다는 것이다. 일종의 플립플랍원리라고나 할까? 혹은 역치이론과의 연관성도 고려해보도록 하자.

무엇이든 **최고의 효율은 원래 너무 지나쳐도 또 부족해도 안 된다는 것은 대부분의 원리에서 공통으로 적용되어지는 근본원리이다.** 2차함수를 기억하는 사람은 그 뒤집어진 형태의 최고차항의 계수가 음수인 경우를 상상하도록 하라. 경제학을 공부했던 사람들은 레이건의 경제정책에 기본이론을 제공했던 래퍼곡선을 떠올려도 좋다. 즉 최대효율을 만들어내는 지점은 가운데 어딘가에 위치하는 법이다.

역순복습은 초기 진도에서 매우 큰 효과를 발휘한다. 이런 식으로 진도를 나간다면 약간은 지루한데 머리에 남는 것도 있는 듯하여 꽤 보람 있는 공부가 되는 것이다. 물론 **가능하면 손가락이나 샤프 뒤뚜껑을 사용하면서 너무 빠르거나 느리지 않도록 속도를 조절해야 한다는 점은 잊지 말자.**

보통의 경우 1차 진도부터 3차진도 정도의 초기 진도에서 사용이 권장되어지며 어느 정도 본문내용이 외워지기 시작하는 2차 진도부터 4차 진도이후부터는 뒤에 언급되는 순환복습으로 진도를 나가는 방식을 교체하기를 권하는 바이다. 물론 이러한 복습원리의 교체는 절대적인 권고사항은 아니다.

순환복습

순환복습이란 일정단위내의 모든 복습대상들 전체를 순서대로 순간반복하면서 읽어 내려가는 것을 의미한다. 물론 1회만 하는 것은 아니다. 적절한 반복회수는 대략 3~6회 정도이다. 역순복습은 초기 내용이 파악되어있지 않은 상태에서는 매우 효율적이고 좋은 방식이지만 어느 정도 내용파악이 끝나거나 일부의 내용이라도 익숙해진 단계에서는 그 효율성이 줄어들게 되는 것이다.

이렇게 어느 정도 **익숙해진 단계에서 계속 역순복습을 하게 된다면 속도의 느려짐으로 인한 답답함과 지루함이 효율성을 깎아내리는 부작용이 증가하게 되는 것이다.** 따라서 2차 이상의 복습부터는 이러한 본인의 상태를 객관적으로 잘 파악하여 순환복습의 형태로 복습의 방식을 변환해야만 하는 것이다.

순환복습은 일반적인 공부방식과 거의 흡사하다. 그냥 순서대로 읽어 내리는 것이니까. 단지 일반적으로 공부하는 것과 굳이 차이가 있다면

첫째 **읽어 내리는 중에도 순간복습은 기초이다. 순간복습이란 최소단위를 2~3회 반복해서 읽는 과정이다.** 최소단위란 단어 하나 수학의 어려운 줄 한 줄 등의 반복하기에 부담 없는 제일 작은 크기의 복습단위이다.

둘째 **손가락 혹은 샤프뒤쪽을 이용하고 가능하다면 입술을 움직이는 것이 좋다. 눈으로만 복습하는 것은 매우 위험하다.** 저자는 예전 책에서까지만 해도 복습속도는 빠를수록 좋다고 착각했었다. 그러나 수많은 반복실험 끝에 전혀 그렇지 않으면 아주 살짝 여유가 있는 정도의 복습이 가장 효율적이라는 사실을 알게 되었다. 그리고 이 가장 적절한 속도를 보장해주는 습관이 손가락이나 샤프뒤 뚜껑으로 읽는 것이다.

예를 들어 해당 단위에서 1번부터 30번까지의 복습대상이

있다면 1번부터 30번까지를 쭉 읽어 내려가고 다시 같은 과정을 3~6회 반복하면 된다. 언제나와 마찬가지로 반복회수는 적은 1~2회 보다는 더 많게 또 너무 지루해지는 7~8회보다는 더 적게 정해진 것이다.

그리고 역순복습에서는 초기단계이므로 거의 그런 경우가 없겠지만 **순환복습단계에서는 수많은 '지움'이 있어야 한다. 애초에 이 공부법의 단기목적은 이 '지움'이니까.**

지움의 과정은 자신감이 확실해진 복습대상의 3중체크 중에서 1~2개의 체크를 제거하여 한동안은 복습하지 않도록 복습대상의 숫자를 줄이는 과정이다. 저자는 순환복습 중에 계속 이 '지움의 과정'을 잊지 않기를 권한다. 물론 언제나 말하는 것처럼 너무 손쉽게 지워도 또 반대로 너무 어렵게 지워도 효율성은 저하한다.

그리고 이 '지움'의 과정을 겪은 것들도 언젠가 '평탄화과정'이 끝나고 '그물망작업과정'이 시작되는 단계에서는 다시

되살려야 할 수 있다. 특히 시험이 가까워서는 과정의 진행단계에 상관없이 모든 체크되어있는 내용들을 복습해야 할 수도 있다. 물론 이러한 단계의 필요성 때문에 굳이 3중 체크를 강조하는 것이기도 하다.

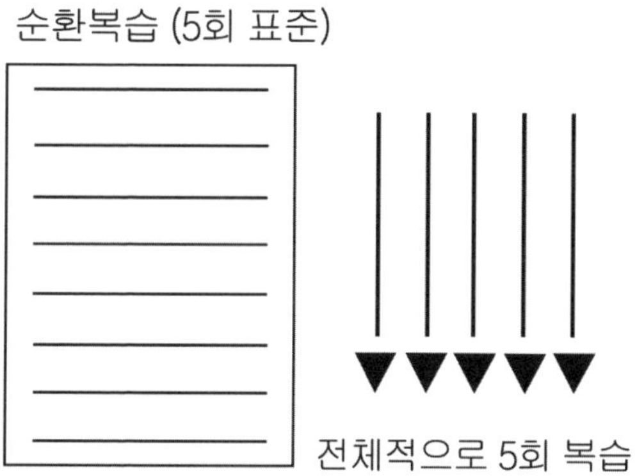

적정 단위

단위의 개념은 일종의 나만의 시험범위라고 생각하면 된다. 시험범위가 너무 길면 공부하기도 싫을 뿐만 아니라 미리 지치게 된다는 사실은 누구나 알고 있다. 또 시험범위가 너무 짧으면 공부하기는 쉽지만 시험이 시험 같지 않아서 바로 기억하고 바로 잊어버리기 쉽다.

저자가 추천하는 적정단위는 책의 페이지 몇 페이지라든가 중간고사시험범위 등 일반적으로 알려진 단위와 일치하는 것은 아니다. 항상 저자가 주장하다시피 중요하고 모르는 것을 체크하는 것이 공부이며 이와 같이 체크된 것을 기준으로 과목 따라 책의 내용에 따라 다르겠지만 대략 20여개 정도가 표준이 되어야 한다. 물론 본인의 실력과 공부하는 대상의 성격에 따라서 그 개수는 적절하게 조정되어야만 한다.

구체적인 예를 들자면 **단어는 20여개, 수학문제는 어려운**

문제기준 4~5문제, 혹은 어렵다고 체크한 것 기준으로는 15개 정도 그리고 한국말로 쓰여지는 일반 암기과목의 경우에는 30여개 정도의 체크된 것들이 적정단위라고 볼 수 있다. 또한 원래 책의 한 단원이나 한 과 등의 주어진 범위와 약간의 차이만 존재한다면 그냥 책의 단원이나 해당 과와 일치시키는 편이 공부하기에 편하다.

단위개념은 그 중요성에도 불구하고 기존 공부법에서는 전혀 다루지 않고 있기에 많은 사람들이 그 중요성을 간과하고 있다. 하지만 초등학교 교과서의 시험범위와 중학교, 고등학교, 그리고 대학교의 시험범위를 비교해보라.

그 비교만으로도 시험범위라는 것이 공부하는 학생들의 자세에 얼마나 막대한 영향을 끼치는지를 짐작할 수 있을 것이다. 또한 가장 맛있는 케익은 조각케익인 법이다. 생일케익 하나를 통째로 먹거나 반대로 슬라이스치즈두께로 자른 케익을 먹는 것을 상상해보라. **적당한 크기는 반드시 존재하는 법이다.** 그리고 이 단위의 원칙은 지키는 편이 본인의 정신건강에도 좋은 것이다.

단위

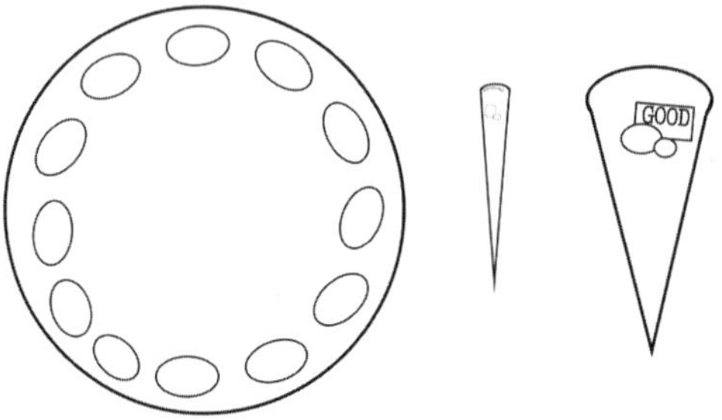

(X)　(X)　(O)

예를 들어 학교나 학원에서 1000단어를 외우라는 숙제를 내어준다. 학생이 무턱대고 1000단어를 한꺼번에 외우려고 덤빈다면 그 결과는 대부분 매우 처참할 것이다. 그러나 1000단어를 20개씩 쪼개어서 50번에 나누어 숙제를 내주고 50번에 나누어 시험을 본다면 대부분의 학생들은 무난하게 이를 쫓아올 수 있을 것이다. 할 수 있느냐의 문제도 있지만 사실 사람은 심리의 영향을 막대하게 받는 법이다. 너무 무리한 숫자는 가능성여부를 떠나 학생들로 하여금 절망을 유도하는 법이다.

게다가 단위의 크기에 따른 관리의 용이성도 매우 중요한 변수이다. 20개씩 50번은 적절한 크기로 말미암아 꾸준히 적절한 복습을 해준다면 다 수월하게 본인의 지식이 되는 것이지만 한꺼번에 1000개는 관리하고 복습하는 것이 거의 불가능할 수 있는 것이다. 이런 종류의 **불필요한 어려움을 만들고 이를 이겨내는 것을 정신력이 좋다든지 성실하다든지 하는 립서비스로 때우려는 모든 시도를 경멸한다.** 모든 공부의 과제는 적절하여 너무 쉽거나 너무 어려워서는 안 된다. 만약 이런 식의 숙제가 내어진다면 본인만이라도 정신을 차려서 적절한 크기로 나누어 공부하라.

시험범위도 마찬가지다. **시험범위가 터무니없다고 여겨질 경우 단원별로 혹은 페이지별로 몇 개의 구간을 나누어 공부하도록 하라. 너무 크지도 적지도 않은 구간은 매우 중요한 공부의 요소이다. 우리는 이것을 '적정단위'라고 부른다.**

n.1형태의 어학듣기파일형식

외국어회화용으로 주로 제작되어지는 현재의 어학교재들은 보통 1회 혹은 2회의 외국인발음을 내용으로 담고 있으며 공부하기 위한 특별한 장치라고 하면 남녀가 교대로 녹음을 한다든지 혹은 한국인이 뜻을 불러주는 부분이 추가 되어있는 것이 현실이다. 그러나 이러한 녹음으로 외국어를 공부하는 것은 장화를 신으면 모내기가 쉬워진다는 부수적인 정도의 효과밖에는 없다. 모내기가 쉬워지려면 장화가 주요한 문제가 아니라 모내기판이나 모내기기술이나 날씨가 중요한 요인이 되어야 한다.

마찬가지로 외국어를 배우는데 있어서 쓰고 읽는 것 말고 듣고 말하는데 있어서 좀 더 공부에 직접적인 효과가 탁월한 공부보조자료가 필요한 것이 현실이며 새롭고 효과적이며 듣는 것만으로도 외국어공부에 확실한 효과가 있는 어학보조녹음파일 형식이 필요하다. 단순한 지금까지의 어학보조교재들은 해낼 수 없는 진정으로 중요한 이러한 요구에 부응하기 위하여 수많은 실험과 궁구 끝에 'n.1형태'의 어학녹음규칙을 만들기에 이르렀다.

이 형태는 예를 들어 "I'm a boy"라는 **문장을 한 두번 반복하는 것이 아니라 n번을 반복한 후 – 즉 2~10을 반복한 후 – 마지막 직전 같은 길이의 묵음구간을 하나 넣고 마지막에는 해당 문장을 다시 흘러나오게 하는 형식이다.**

가장 표준적인 5.1형태의 경우에는 "I'm a boy. I'm a boy. I'm a boy. I'm a boy. I'm a boy. +(같은 길이의 묵음구간)+ I'm a boy." 의 형태가 되는 것이다.

(1) 반복구간의 역할

반복해서 해당 문장을 들으면서 정확한 발음과 억양을 익히게 하고 뜻에 대한 생각 등 연관된 지식들을 돌아보게 만든다. 현재의 어학교재들은 기껏해야 1~3회의 반복만을 해주는 것이 고작인데 이 정도만으로는 듣는 것만으로 확실하게 외우는 것이 불가능하다.

(2) 묵음구간의 역할

반복해서 들었던 문장을 마음속으로 자연스럽게 따라하도록 유도하며 그 과정을 통하여 목적한 문장을 외우도록 만들고 얼마나 제대로 외웠는지를 체크하도록 만든다.

점검기능은 그 길이의 동일성 여부를 체크하는 것으로 더욱 그 역할을 분명히 한다. 자신이 묵음구간에서 소리 내어 혹은 입술로 혹은 마음속으로 반복하는 시간과 묵음구간의 길이는 자동적으로 비교당하게 된다. 자신만의 반복이 묵음구간보다 더 길었다면 이는 자신의 암기가 아직 유창하지 못하다는 의미이다. 자신만의 반복이 묵음구간보다 짧았다면 이는 자신이 무언가를 빼먹었다는 뜻이거나 원어민의 발음보다 여유가 없었다는 뜻이다. 이와 같이 그 길이의 비교만으로도 대부분의 오류는 잡아낼 수 있는 것이다.

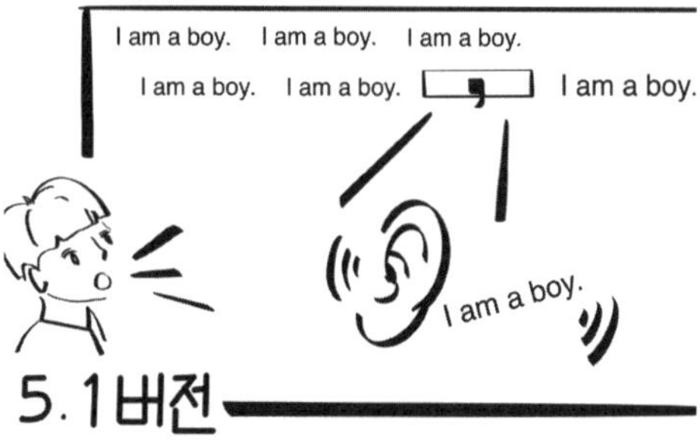

(3) 마지막 발음구간의 역할

본인이 묵음구간에서 마음속으로 혹은 입술로 혹은 소리 내어 따라한 문장이 과연 옳았는지를 점검, 비교하는 역할을 한다.

(4) n이라는 숫자의 형태의 변형

배우는 자가 **초보이거나 해당 문장들이 어려울 경우 많은 반복이 필요하므로 9.1형태 혹은 10.1형태가 필요하고 익숙한 문장이거나 쉬운 문장들은 2.1까지도 낮출 수 있다.** 즉 난이도의 수준에 따라서 그에 적절한 n의 수치는 최적화할 필요가 존재한다.

(5) 기타 효율화를 위한 부가조건

외우고자 하는 외국어녹음구간의 길이는 가능하면 3초에서 5초구간정도이며 너무 짧아지면 의미가 없어지고 너무 길어지면 암기가 어려워지므로 항상 적절한 길이의 끊기가 수반되어야 한다. 즉 문장의 길이가 지나치게 길 경우 적절하게 끊어서 만들어줄 필요성이 존재한다.

앞으로 **모든 어학교재들은 이와 같은 특징을 가진 n.1 형태의 원어민 발음 파일들을 제공하여야 하고 IT업체들의 어학듣기파일의 각종 도우미 앱의 제작에도 같은 표준이 적용되어야 더욱 효과적이고 재미있는 외국어 공부가 가능해진다.**

'첫자모힌트법'

단어나 구문 혹은 문장들을 외우려고 할 때 한 쪽에 모국어 다른 쪽에 배우는 외국어를 써 넣는 것이 가장 일반적인 형태이다.

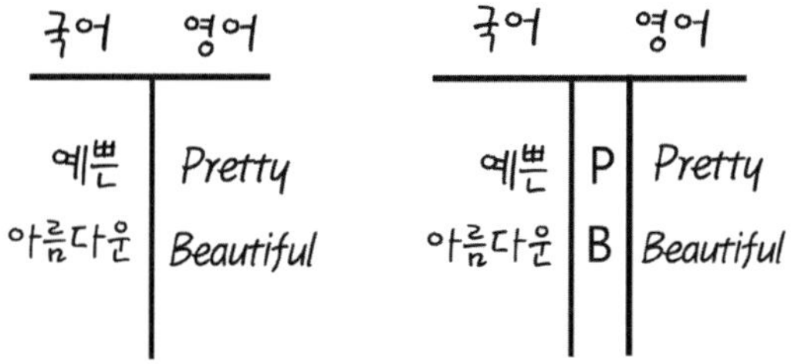

그러나 인간은 호기심의 동물이고 처음부터 해석 이외에는 다른 '힌트'가 아예 없는 이러한 방식은 적절한 호기심을 유지하도록 하기에는 역부족일 경우가 많다. 이에 따라서 적절한 힌트를 주되 그것이 표현하기에 편하고 일정한 규칙성이 존재하여 해당교재를 만드는 출판사나 앱제작의 규칙을 만드

는 프로그래머가 사용하기 편리한 일정한 형태가 사용되어지도록 하는 것이 좋다.

이러한 요구를 수용하면서 누구나 따라 하기 편하고 그러면서도 단어 및 문장들을 외우는 것에도 크게 일조할 규칙을 제의하는 것이다. 예를 들어 '아름다운 – pretty'가 아니라 '아름다운 – p – pretty'의 형태가 되는 것이다. 이는 또한 예상치 못한 부수효과도 있는데 이를테면 '아름다운 – b –beautiful' 처럼 같은 뜻 즉 '아름다운'이라는 동일한 뜻에서 다른 단어가 나오도록 두 헷갈리는 단어들을 지정해주는 효과도 있는 것이다.

더욱이 **문장 등을 외울 때에는 그 난이도가 단어를 외우는 것에 비할 바가 아니어서 대부분 문장외우는 것을 곧 포기하고 마는데 이 '첫자모힌트법'으로 이를 해결할 수가 있다.** 예를 들어 '타이프라이터가 일상적으로 사용되어졌다.'라는 힌트만 가지고서는 해당 문장을 외우기가 매우 힘들지만 '첫자모힌트법'으로 이를 보조하여 '타이프라이터가 일상적으로 사용되어졌다. - TTCIRU '라고 표현되어있으면 해당문장인 'The typewriter came into regular use.'를 떠올리기가 훨씬 쉬어지는 것이다.

최근에 저자는 무엇인가 멋진 대문자에 매료되어 모든 첫 자모를 대문자로 표현하고는 하지만 그림에서처럼 대소문자를 섞어도 좋다. 이 정도는 선택사항이 아니겠는가?

문장을 외우라고 강요하기 보다는 중간에 이런 힌트가 들어간 문장외우기 보조교재를 만들고 또 이런 과정을 단순화하는 각종 앱들이 만들어져서 학생들을 돕는 것은 필연적인 것이다. 이러한 중간과정을 포함하여 문장을 외우는 것이 얼마나 두뇌의 균형과 외우는 속도에 막대한 영향을 끼치는지를 굳이 증명할 필요는 없다. 독자들이 10분만 실험해보아도 그 비교는 무의미할 정도로 분명하다. 단지 중간과정 즉 정리하는 것이 아주 약간 귀찮을 뿐이다.

굳이 힌트하나를 추가로 드리자면 영어교재 각 페이지의

여백에 이런 식의 첫 자모를 써 넣거나 혹은 메모지 혹은 따로 노트를 이용하여 첫 자모만 써 넣는 것도 아니하는 것보다는 훨씬 효과적이다. 그리고 이 경우 가능하면 줄의 간격이나 위치 등은 본문과 일치하는 것이 더 좋다. 막상 어느 줄이 어느 첫 자모인지 찾느라 쓸데없는 시간을 보내는 것은 의미가 없기 때문이다.

첫자모 힌트법

한국말	힌트	영어
타이핑이 돌아왔다.	TIB	Typing is back.

평탄화작업

지식의 어려움의 정도는 천차만별이다. 어떤 것들은 한번 만 봐도 잊히지 않고 어떤 것들은 아무리 봐도 계속 어렵기만 하다. 이 과정을 거치는 가운데 꽤 많은 사람들은 어렵고 잘 이해되지도 암기되지도 않는 부분들은 마스터하는 것을 포기하게 되는 경우가 많다. 특히 **이 난이도의 차이는 너무 심각해서 저자의 난이도판별기준에 따르자면 어떤 지식은 천 번을 보아야만 하고 어떤 지식은 고작 1번을 보는 것만으로 일생동안 기억에 남을 수도 있다.**

다시 말하지만 **단 몇 번만에 심지어는 한번 만에 이 난이도의 차이를 극복하고자 하는 숱한 시도가 무의미하거나 예상치 못한 오류만을 남긴다는 사실을 분명히 밝혀둔다.** 예를 들어 어떤 사람들은 해당 지식을 한 번에 100번을 써 본다. 혹은 자신이 알고 있는 내용과 연결해서 억지로 기억하는 소위 '연상법'을 사용한다. 예를 들어 'understand' 는 한국말의 '안다'

와 발음이 비슷하니 이를 연결시켜서 외우는 것과 같다. 영화나 소설에서 자주 인용되는 '기억의 궁전'수법을 사용하기도 한다. 그러나 이 모든 행위의 끝은 결국 응용되기에 힘들고 창의력의 재료로 쓰기에도 난해한 '쓰레기지식'이 될 뿐이다. 응용하고 마음대로 써먹으려면 해당 지식은 바로 바로 떠올라야만 한다. 무엇과 연결하고 어디 궁전을 돌아서 가는 것은 이렇게 마음 놓고 이용할 지식에는 적합하지 않다.

그렇다면 **왜 이런 종류의 무모한 시도를 하게 되는 것인가? 많은 소위 '천재'들이 이러한 종류의 수준 높은 시도를 성공하기 때문이다. 우리 일반인들이 이런 시도를 따라해 보았자 성공하지 못한다는 것은 매우 당연한 것이다.** 우리가 천재들을 따라하는 것은 마치 개에게 사람의 말을 가르치려는 시도와 비슷한 것일 수 있다. 참고로 다시 한 번 이야기하지만 저자는 결코 천재의 부류는 아니다. 여러분 대다수도 그러할 것이다.

'1만 시간의 법칙'등에서 표현하는 것처럼 일반인들이 어느 지식분야에서 전문가로 인정받으려면 숱하게 많은 시행착오를 거쳐야 한다. **살아있는 지식, 응용 가능한 지식, 창의적 행위의 재료로 마음껏 쓸 수 있는 지식을 쌓는 가장 좋은 방법은 숱하게 복습하는 것뿐이라는 사실을 믿어야 하는 것이다.** 물론 저자가 제시하는 규칙들을 잘 따르면서 복습하기를 충고한다. 이 규칙을 지킬수록 효율성이 대폭 상승한다.

아주 어려운 지식은 1000번을 꽤 어려운 지식은 100번을 쉬운 지식은 10번 혹은 1번을 복습해서 **모든 지식의 난이도를 '쉬운' 지식으로 만드는 과정을 저자는 평탄화작업이라고 명명한다**. 숱하게 많은 복습활동을 어려운 지식에 집중적으로 배치하여 이렇게 평탄화작업을 거치면 이제야 그 다음 단계인 그물망작업이 시야에 들어오고 우리는 해당 지식을 살아있는 채로 내 것으로 만들 수 있는 기본을 가지게 된다.

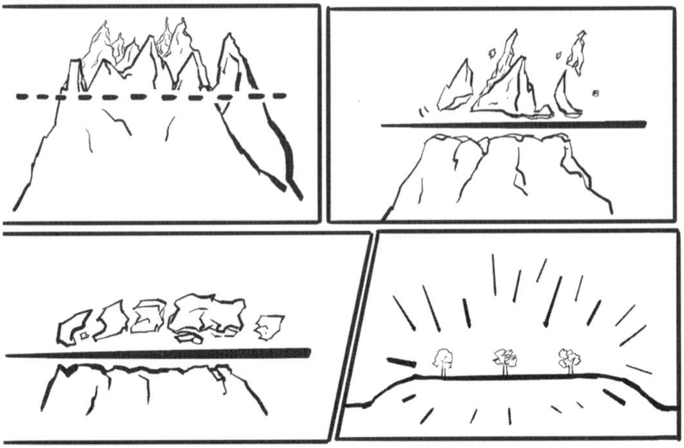

이 방법만이 저자가 알고 있는 유일한 '일반인들이 천재를 따라갈 수 있는 길'이다. 우리 일반인들은 어려운 내용이라면 단 몇 번의 반복만으로는, 혹은 단 하루 만에 몰아쳐서 100번 1000번을 쓰더라도 해당 지식을 '내 것'으로 만들 수 없다는 사실을 명심하자. 아무리 우리 머리가 결코 뛰어나지 않더라도 우리는 숱하게 많은 정교한 복습을 통해서 어떤 지식이라도 '완전히' 내 것으로 만들 수 있다.

평범한 우리는 한 분야의 전문가가 되기 위해서 숱하게 많

은 대가를 치러야만 한다. 우리는 참고 또 참아야 한다. 기다리고 또 기다려야만 한다. 우직한 소가 밭갈이를 하는 것처럼 경주마가 무한 트랙을 달리는 것처럼 우리는 지치고 또 지쳐도 뚝심을 가지고 1000번을 복습하고 100번을 되새겨야만 한다. 이것만이 이 길만이 우리가 천재가 될 수 있는 아니 정확히는 천재의 발뒤꿈치를 따라잡을 수 있는 유일한 방법이다. 이 길만이 한 분야에서 라도 해당 지식을 온전히 내 것으로 만들 수 있는 유일한 길인 것이다.

매우 슬프게도 이러한 평탄화작업은 고작 1단계일 뿐이라는 사실도 명심하자. 평탄화작업은 그 다음 단계인 그물망작업의 전단계 혹은 전제조건일 뿐이다.

그물망작업

평탄화작업이 끝났다고 모든 것이 완성되는 것이 아니다. 우리는 이제야 그물망작업을 시작할 수 있을 뿐이다. 엄밀히 이야기해서 평탄화작업이 끝나고 그리고 나서 그물망작업이 그 뒤를 이어서 일어나는 순차적 현상이 아니다. 그물망작업은 평탄화작업중에 조금씩 뒤섞여서 일어나는 자연스러운 현상이다.

그물망작업이란 알고 있는 그리고 복습하는 지식을 대상으로 무엇인가 공통점을 기준으로 자신이 이미 알고 있던 지식 혹은 지금 공부하는 대상의 다른 지식들을 연결하고 비교하는 과정이다. 92로 배열되는 숫자를 기준으로 1392년 조건 건국 1592년 임진왜란이 연결되고 313년을 기준으로 대한민국의 국사에서는 낙랑군이 멸망하고 서양에서는 기독교가 공인되는 연도이기도 하다.

한글은 1443년에 창제되고 1446년에 반포된다. 이런 식으로 연결점들은 공통된 모든 단어 모든 숫자 사소한 모든 힌트들이 포함된다. 어떤 사소한 공통점이라도 좋다. 이 공통점을 연결고리로 하여 서로 다른 지식들을 연결한다. 예를 들어 영어문장을 그저 외우는 것과 그 문장 속에 있는 단어나 구문 하나하나를 기준으로 같은 단어나 구문이 있는 다른 문장들을 연결하는 그러한 행위가 또 그러할 수 있는 능력이 바로 모든 지식의 특히 살아있는 지식의 기본이 되는 것이다.

또한 아주 사소한 힌트만으로 자신의 지식체계에 있는 모든 다른 것들이 줄줄이 연결되는 살아있는 지식의 체계 바로 그것이 컴퓨터나 인공지능이 결코 따라할 수 없는 우리 인간의 특징이기도 하다. **사소한 힌트만으로 이 지식과 저 지식을 연결하여 완전히 새롭고 대단한 지식체계를 만드는 것이 우리 인간이다.**

이렇게 하나하나의 연결이 모여서 우리는 지식체계를 만들어낸다. 저자는 이렇게 자신이 공부하는 대상지식들을 서로 연결하는 수많은 활동들을 '그물망작업'이라고 부른다. **그물망작업을 통해서 우리의 지식은 완벽해진다. 완벽해진다는 것은 필요한 순간에 필요한 지식이 빛의 속도로 나타날 수 있는 능력이다. 또 관련지식들이 잊히는 것도 방지하는 기능을 가지게 된다.**

그물망작업이 불가능한 즉 단 하나의 공통점도 갖지 않는 외떨어진 지식이 당연히 존재할 수 있다. 그렇다면 이런 지식은 어떻게 연결 작업을 할까? 바로 그런 특징을 가진 '외떨어진 지식이 이것 말고 무엇이 있나?' 로 연결하면 된다. **즉 연결할 것이 전혀 없다고 판단되어지는 지식들끼리의 연결이 바로 그것이다. 결론적으로 모든 지식은 연결된다. 예외는 없다.** 단지 본인이 깨닫지 못한 것과 깨달은 것이 있을 뿐이다.

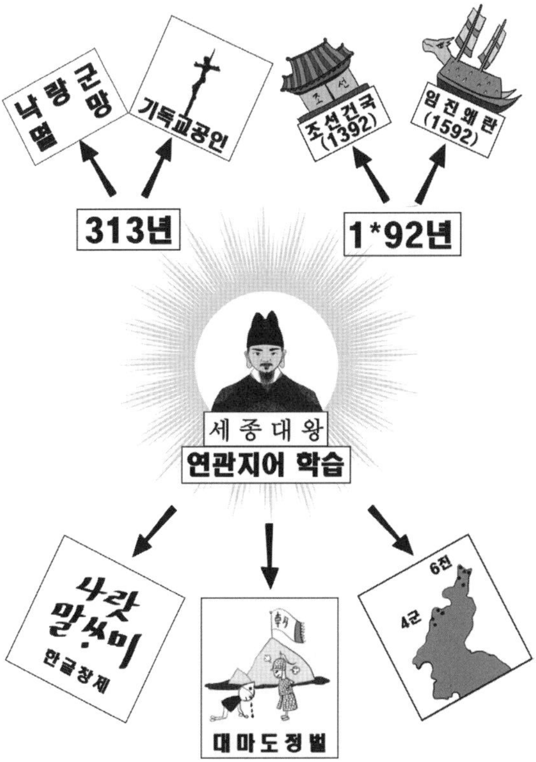
낙랑군 멸망
기독교공인
조선건국 (1392)
임진왜란 (1592)
313년
1*92년
세종대왕
연관지어 학습
나랏 말쌈이
한글창제
대마도정벌
6진
4군

순간반복의 원리

모든 공부 특히 복습의 기초는 반복 혹은 복습이다. 최소단위에서도 마찬가지다. 여러분이 단어를 복습하던 혹은 예습하던 순간적으로 해당단어를 2~3회 복습하는 것은 너무나 당연한 습관이다. 눈으로만 혹은 머릿속으로만 반복하는 것은 좋지 않다. 약간의 여유를 가질 수 있도록 손가락으로 가리키면서 혹은 입술을 움직이면서 반복하도록 하자. 샤프뒤 뚜껑도 추천하는 바이다. 맨들맨들하고 느낌도 좋다.

순간복습

행복한 H happy : 2~3회 반복

멋진 N nice : 2~3회 반복

입술로 읽기, 손 끝이나
샤프 뚜껑 끝으로 가리키면서
읽기

이렇게 모든 공부에서 복습하는 대상 하나하나를 몇 번 반복하면서 음미하는 것은 당연한 습관이다. 이러한 습관이 중요한 이유는 특히 단 한 번만에 지식을 내 것으로 만들 수 있다고 믿는 저 수많은 광신도 내지 사이비신도를 때문이다. 인간은 컴퓨터가 아니다. **어떻게 복습하지 않고도 지식을 내 것으로 만들 수 있단 말인가?** 마찬가지로 순간적으로 반복하지 않고도 어떻게 지금 공부를 정상적이고 효율적으로 진행하고 있다고 믿는 것인가?

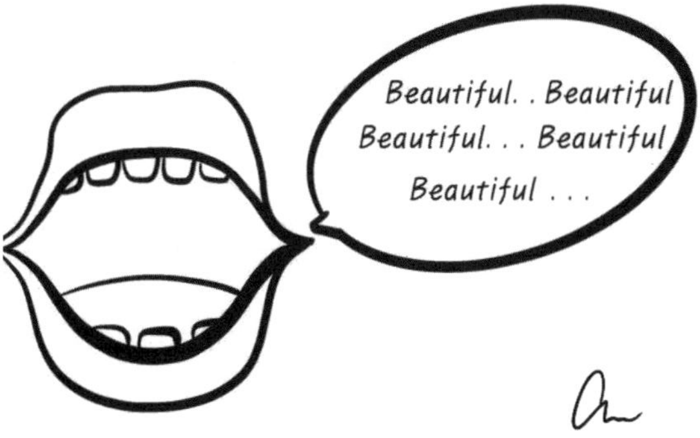

항상 최적효율은 1회에 잇지 않고 적정한 숫자인 n에 있다. 일반적으로 저자는 순간반복의 횟수를 적어도 2회 이상으로 하려고 노력한다. 이러한 최적의 숫자 최적의 효율성에 대한 고뇌 없이 감히 '최선'을 논하지 말도록 하자. 저자는 이러한 성의 없고 고민없는 자세에 구토감까지 느끼곤 한다. 소위 무식의 극치가 아닌가? **무조건적인 공부시간 공부량만 따지는 정량주의는 반드시 배척되어야 한다.**

이런 잘못된 신념이 십자군의 실패와 흑사병의 유행을 불러왔던 것이다. 여러분의 이런 잘못된 믿음이 마녀사냥과 십자가처형을 통해서 암흑시대를 지배했던 것이다. 서양적 관점이 지금 대세인 것은 과학적이고 합리적인 태도 때문이다. 그런데 이 **과학적 합리적 태도의 사각지대에 놓인 유일한 것이 공부방법이고 우연히도 이 잘못된 믿음이 저자의 합리적인 접근에 대한 최대한의 적이 되어있는 현실은 아이러니하다.**

인간의 부족함을 컴퓨터의 메모리에 비유하지 말도록 하자. 최소한 컴퓨터의 기억은 일반적으로 단 한 번의 입력만으로 반영구적으로 온전하다. 인간은 그렇지 않다. 수많은 복습과 반복을 필요로 한다. 그리고 그 상한선도 항상 존재한다. 기억총량에서도 그럴 뿐 아니라 복습회수에 있어서도 마찬가지이다.

당신의 공부법은 잘못되었다

초판 발행 2021년 5월 5일

지은이 모람모람
펴낸이 정유진
편 집 김수진, 정소영
삽 화 고서희, 방푸름, 오신희, 채선우, 최영아, 홍미림
디자인 이이사벨
펴낸곳 노북(no book)
주 소 서울특별시 강남구 서초구 강남대로58길8, 11층 2-7호
전 화 031-8025-9200 팩 스 050-4211-8560
https://blog.naver.com/nobookorea
이메일 nobookorea@gmail.com
출판등록 2018년 7월 27일 제2018-000072호
인 쇄 새한

ISBN 979-11-90462-15-0 (433750)